QUE SAIS-JE ?

Le droit civil

CHRISTIAN ATIAS
Professeur à la Faculté de Droit et de Science Politique
d'Aix-Marseille
Directeur du Laboratoire d'épistémologie juridique
Avocat à la Cour

Quatrième édition mise à jour

40ᵉ mille

Le présent ouvrage a été traduit en anglais par A. Levasseur (trad. et éditeur) et B. Mihoubi (trad.), Louisiana State University Law Center, 1987.

ISBN 2 13 045198 5

Dépôt légal — 1re édition : 1984
4e édition mise à jour : 1993, avril

108, boulevard Saint-Germain, 75006 Paris

INTRODUCTION

Le droit civil français, c'est un imposant ensemble de lois, de décisions de justice, de commentaires et d'ouvrages divers ; les enseignements qu'ils consignent portent sur tous les aspects des relations privées. C'est pourquoi le droit civil est une composante majeure de l'ordre social. Un savoir traditionnel se constitue à son propos : il est riche de principes progressivement consacrés, de réflexions conjuguées et d'expériences historiques multiples. Il est une tradition vivante.

Loin de pouvoir s'apparenter à un catalogue de recettes, le droit civil se prête au raisonnement qu'impose la recherche de la solution la moins injuste dans chaque cas d'espèce et pour toutes les espèces analogues à venir. Un civiliste est, avant tout, un maître du raisonnement. Il travaille sur des dispositions légales et de multiples considérations de justice, de morale et d'opportunité. Il s'aide de la consultation de décisions judiciaires antérieures — dont il vérifie scrupuleusement la valeur. Il s'inspire aussi des argumentations préparées par ses prédécesseurs et qui constituent une inépuisable réserve de directives et d'orientations dans la quête du juste.

Comme toute tradition vivante, le droit civil est animé de mouvements qui semblent l'entraîner vers son épanouissement ou vers son déclin.

1. **Une tradition vivante.** — Le civiliste est l'héritier d'une longue tradition. Il ne peut ignorer ceux qui ont

contribué à l'enrichir, soit en préparant nos lois les plus importantes, soit en consacrant au droit civil leurs efforts de réflexion théorique.

Parmi les auteurs de projets de lois, deux grands noms sont à citer. Jean-Etienne-Marie Portalis (1746-1807) dirigea les travaux de rédaction du Code civil de 1804. M. le Doyen Jean Carbonnier prépara les avant-projets de toutes les réformes civiles qui se sont échelonnées de 1964 à 1975 : elles ont doté la France d'un nouveau droit de la famille (statut des enfants, régime des biens des époux, divorce...).

Parmi les auteurs dont l'œuvre a enrichi le droit civil, demeurent et demeureront les noms de Jean-Charles-Florent Demolombe (1804-1887), qui fut l'un des maîtres du commentaire du Code civil, de Charles Aubry (1803-1883) et de Charles Rau (1803-1877) qui importèrent d'Allemagne une méthode plus synthétique, de Marcel Planiol (1853-1931) et de François Gény (1861-1959) qui renouvelèrent l'étude du droit en la nourrissant de données économiques, sociales, historiques et morales, de Georges Ripert (1880-1958) qui, mieux que tout autre, sut décrire les mouvements historiques du droit français, de René Savatier (1892-1984) qui en révéla toutes les métamorphoses avec un égal bonheur, de René David (1906-1990) qui donna ses lettres de noblesse à la comparaison des droits des différents pays...

La naissance du droit civil français ne peut être datée. Avant le Code civil de 1804, il y eut toutes les œuvres des juristes d'Ancien Régime : Domat (1625-1695), Pothier (1695-1772) ; il y eut les coutumes et le *Corpus Juris Civilis* (534) qui rassemblaient les opinions des juristes romains les plus renommés. Le droit civil d'aujourd'hui garde en réserve toutes ces expériences qui sont plus que des souvenirs.

2. **Des mouvements historiques.** — L'objet du droit civil lui interdit de vieillir. Il porte sur tous les épisodes de la vie, depuis la conception jusqu'à la mort et au-delà ; il régit la naissance et le mariage, les biens et la famille, toutes les opérations banales ou cruciales, vente, location, prêt, et permet aussi de constituer des groupements. Avec de telles préoccupations, le civiliste ne risque pas d'oublier la réalité qu'il côtoie quotidiennement sous ses aspects les plus tristes ou les plus heureux.

Le droit civil n'est pourtant pas à l'abri du déclin. Comparé à d'autres disciplines juridiques, il paraît menacé. Son domaine s'amenuise ; des questions qu'il traitait lui deviennent étrangères. Le droit des assurances, le droit de la construction, le droit immobilier, le droit du travail, le droit rural deviennent des spécialités. Le droit civil semble voué à ne plus être qu'une théorie générale assez abstraite et dont les applications relèveraient désormais d'autres disciplines ; celles-ci sont réputées plus vivaces, plus actuelles.

Considéré en lui-même, le droit civil peut également susciter l'inquiétude. Sa cohésion est altérée par la multiplication des lois extérieures au Code (copropriété des immeubles bâtis, propriété littéraire et artistique, publicité foncière, baux...). Il est douteux que la justice trouve encore à s'exprimer à travers le lacis des dispositions légales et réglementaires trop nombreuses pour être connues, trop détaillées pour guider utilement l'appréciation judiciaire, trop mal rédigées pour se prêter à l'interprétation et trop complexes pour être respectées. Simultanément, avec l'importance du contentieux, l'augmentation du nombre des procès et des décisions connues, l'encombrement des tribunaux, les juges ne parviennent plus à se doter d'une jurisprudence : statuant au vu de chaque dossier, ils ne donnent plus ces lignées de décisions qui dégageaient des tendances générales, des directives pour l'avenir, conjuguant la stabilité souhaitable et d'imperceptibles variations.

Le rôle même du droit civil est en question. Au XIXe siècle, sa fonction civilisatrice ne faisait aucun doute. Désormais, les lois sont volontiers décrites comme dénuées d'influence ou comme dotées d'une influence perverse ; nombreux sont les auteurs qui contestent soit l'existence, soit la légitimité du savoir juridique. C'est l'argument invoqué pour réclamer l'adoption de législations accommodantes qui prétendent ignorer les contraintes comme les prohibitions. Elles font généralement la part belle à de nouvelles pressions : vouloir l'égalité entre hommes et femmes, en défavorisant celles qui n'exercent pas une profession rémunérée, ce n'est jamais que choisir une autre inégalité.

Pour redécouvrir la mission civilisatrice du droit civil, il faudrait se souvenir de quelques vérités d'évidence. Le juriste ne peut prétendre à la neutralité. Le droit civil est un élément du tissu social. Ceux-là même qui croient l'imaginer, le créer de toutes pièces, ne l'instituent jamais qu'en réaction à — ou en faveur de — certains comportements constatés ; ils reçoivent à leur tour la réponse de la réalité. C'est pourquoi le législateur du XIXe siècle avait l'humble conviction de devoir limiter ses ambitions ; il entendait *déclarer le droit commun* en formulant seulement des règles qui étaient déjà apparues comme bonnes.

Le droit civil ne se construit, ni ne s'invente ; il se constate ou se discerne. Déclarer le droit commun, c'est formuler les principes auxquels correspondent les comportements généralement reconnus comme préférables après des siècles d'expérience, après une multitude d'essais et d'erreurs rectifiées. Là où le corps social n'était pas encore parvenu à une solution généralement tenue pour satisfaisante, les légistes d'autrefois ne prétendaient pas se substituer à lui ; ils patientaient. Leur préoccupation n'était sans doute pas d'attacher leur nom à un texte qui ferait parler d'eux jusqu'à la campagne électorale suivante !

Un premier principe de gouvernement pourrait être de n'anticiper sur la formation d'un droit commun que dans les cas où ce gain de temps est manifestement utile et compense l'incertitude des enseignements dispensés. Le commerce de productions nouvelles et dangereuses en donne l'exemple. Mieux vaut le réglementer même maladroitement plutôt que d'attendre en laissant les premiers utilisateurs sans aucune protection.

Un second principe fondamental de politique législative serait d'éviter la multiplication des règles qui ont vocation à s'appliquer seulement dans des hypothèses marginales ; ce fut la force du droit civil français que de dépeindre une société policée. Il ne peut devenir ni le droit des minorités, ni celui des comportements minoritaires. L'ensemble de la population doit être mis à l'abri des contraintes imposées et des précautions prises pour sauvegarder les intérêts de quelques-uns. La société souffre toujours du recul des principes fondamentaux (stabilité du mariage, respect de la parole donnée...) dont dépend son équilibre ; le sacrifice de ces principes ne saurait donc être justifié par la considération d'intérêts marginaux.

Le droit civil contribue à la recherche du juste. Pour s'en convaincre, il faut évidemment récuser la vision cataclysmique d'un droit superstructure, voué à faciliter l'exploitation d'une classe sociale par une autre ; il faut aussi percevoir une réalité humaine et sociale derrière un discours qui n'est ni une fin en soi, ni le tout du droit.

La difficulté consiste à trouver un équilibre qui est à redéfinir sans cesse entre la justice de l'espèce à juger — une justice qui tend à donner à chacun son dû : *suum cuique tribuere* — et une justice plus absolue, plus générale, plus didactique aussi qui lutte contre les mœurs mauvaises. La règle de droit doit agir pour que l'enfant naturel (celui dont les parents ne sont pas mariés ensemble) ne soit pas laissé sans ressources ; elle doit aussi refuser de présenter la conception d'un enfant hors mariage comme socialement et humainement équivalente de la conception par des parents qui se sont engagés l'un envers l'autre.

Ce double mouvement du général vers le particulier (de la règle à la situation concrète de tel enfant naturel) et du particulier vers le général (de la solution retenue à sa généralisation et à ses répercussions sur les mœurs communes) caractérise le raisonnement dialogique du juriste ; il en fait toute la difficulté et tout l'intérêt. Dans cette tension entre l'individuel et l'universel, un droit naturel est à découvrir.

CHAPITRE PRÉLIMINAIRE

LA FORMATION DU DROIT CIVIL FRANÇAIS

Les différentes étapes de la formation du droit civil français dans la période récente se sont-elles succédé dans une relative continuité ou bien en passant par une série de ruptures et de bouleversements ?

Une codification grandiose faisant suite à la période révolutionnaire, de multiples audaces des tribunaux en réaction contre l'apparent vieillissement du Code, une refonte législative d'envergure et de grand souffle affectant d'importantes parties de l'œuvre napoléonienne, des réformes plus limitées confirmant et renforçant les tendances caractéristiques de la législation civile contemporaine, ces amples mouvements conduisent de 1804 à nos jours.

De grandes initiatives historiques ont exercé une influence primordiale sur les règles et solutions du droit civil français. Chaque période a semblé privilégier tel ou tel mode d'action sur le contenu du droit positif : refontes législatives globales, jurisprudences, réformes législatives partielles ou de détail.

Pourtant, ces vagues successives ont déferlé à la surface d'un droit civil qui affrontait les mêmes difficultés et qui disposait toujours de remèdes limités. A chaque époque, deux tendances contradictoires l'ont attiré. La première consiste à simplifier les règles, à en réduire le nombre et la complexité ; plus générales, plus cohérentes aussi, les dispositions légales paraissent alors plus rationnelles, plus aisées à connaître, à enseigner, à respecter et à faire respecter. L'autre tendance enrichit les lois de multiples précisions et les complète par des règlements administratifs qui vont jusqu'au plus petit détail. Dans le premier cas, les réformes législatives s'inspirent directement des solutions consacrées par les juges ; c'est encore un droit commun qu'il s'agit de constater, de déclarer. Le législateur opère surtout par décantation d'une jurisprudence que la doctrine a préalablement sélectionnée et ordonnée. Dans le second cas, les bureaux des ministères sont les maîtres d'œuvre de textes qui leur sont commandés pour des motifs d'actualité politique ; ils croient pouvoir travailler en ignorant les solutions antérieures et les cas contentieux. Ces deux tendances se mêlent aussi parfois.

A chaque époque, les décisions législatives et jurisprudentielles ont été seulement des facteurs parmi d'autres de détermination du droit positif. Lorsque par exemple la loi remplace la puissance paternelle par l'autorité parentale, ses commentateurs s'efforcent de mesurer le changement intervenu. Ils mettent l'accent sur l'objectif poursuivi ou sur la fonction que s'attribue le législateur. L'autorité parentale est inspirée par le souci de faire l'égalité entre les parents. La réforme signifie aussi que les dispositions légales ont plus pour mission de décrire un comportement jugé préférable, que de guider le juge dans la recherche des solutions justes à appliquer en cas de conflit. Désormais, la loi dit qu'en France, dans leur vie quotidienne, les parents sont égaux. En a-t-elle la force ? La doctrine systématise les règles nouvelles et leur donne leur place aux côtés des plus anciennes. Elle ne peut guère parvenir à la neutralité : ou bien, elle amplifie les innovations, en les présentant comme fondamentales, inévitables et irréversibles, ou bien, elle en atténue la portée.

A chaque époque enfin, les juristes ont été influencés par la considération de ce qu'ils appellent volontiers des valeurs. Chacun songe à la personne humaine, à la liberté individuelle, à la stabilité de la famille, à la loyauté contractuelle... Ces références ont pris des significations bien différentes, plus ou moins essentielles, plus ou moins réalistes. Les convictions des juristes se partagent entre trois possibilités. Les uns sont constructivistes : ils pensent que des résultats sociaux délibérément et rationnellement choisis peuvent être provoqués par la loi. Les autres sont déterministes et récusent toute possibilité d'action de l'homme sur son destin et sur le monde. Enfin, pour certains, les phénomènes sociaux peuvent être le résultat des actions des hommes, mais non l'exécution de leurs desseins (Adam Ferguson).

L'analyse marxiste d'un droit qui serait une superstructure produit de l'infrastructure économique est facile à éliminer. De multiples conflits d'intérêts ont été arbitrés dans les sens les plus variés ; ils n'avaient pas leur source dans les prétendues classes sociales.

I. — Le triomphe de la loi

Les juristes de l'Ancien Régime étaient convaincus de la nécessité de rendre le droit civil plus simple et plus cohérent. La multiplicité des Coutumes, corps de règles propres à chaque région ou à des territoires plus restreints, était source de difficultés. Chaque tribunal avait aussi ses pratiques et habitudes procédurales, son « style ». Comme aujourd'hui dans les litiges comportant des éléments de rattachement à plusieurs pays (procès relatifs au mariage d'époux de nationalités différentes par exemple), il fallait toujours déterminer préalablement le droit applicable. La rédaction des coutumes avait facilité l'établissement de leur contenu ; elle avait aussi favorisé certains rapprochements, révélé certaines parentés, certaines convergences. Les efforts d'unification s'étaient pourtant heurtés à la routine et aux obstacles politiques.

Les ferments d'unité (influence du droit de l'Eglise — le droit canon qui régissait seul les questions liées aux sacrements, mariage... —, du droit romain et des ordonnances royales) ne l'emportèrent jamais sur les différences régionales qui demeuraient profondes ; les cultures du Nord et du Midi ne pouvaient être assimilées. Les Parlements, jaloux de leur autorité, et avec eux bien des juristes, s'opposaient résolument à l'idée même de codification nationale. L'inspiration du droit d'Ancien Régime, qu'il fût coutumier ou écrit, militait dans le même sens.

Les sujets de droit y sont en effet conçus, non comme des individus isolés, mais comme des personnes situées dans des communautés, dans un monde ordonné. Tout être humain est défini par les fonctions qu'il a à remplir. Chacun a d'abord une fonction dans la société. Elle fonde l'inégalité entre nobles et roturiers, entre l'aîné et ses frères... Elle contribue aussi à justifier l'importance attachée au fait communautaire ; toute activité ne se développe que dans un groupe organisé. Les liens hiérarchiques instaurés entre tous les hommes dépendent étroitement des modes d'appropriation et d'exploitation de la terre, bien primordial. Chacun a ensuite une fonction humaine qui s'exerce envers les siens, envers sa famille. Les questions de droit qui touchent aux relations familiales relèvent de l'Eglise ; ses enseignements sur les exigences de la nature humaine dans les rapports de l'homme avec ses semblables et avec Dieu inspirent directement les règles applicables aux obligations réciproques des époux entre eux et des parents envers leurs enfants. Le respect dû à la parole donnée a été un précepte religieux bien avant d'être un principe du volontarisme laïc.

Les philosophes du XVIIIe siècle ont préparé le succès d'une conception de l'homme et du monde, contraire à cette inspiration du droit d'Ancien Régime qui est complètement abandonnée par les révolutionnaires. Pour eux, la réalité humaine commence et s'arrête à l'individu, un individu abstrait, libre et autonome, qui se détermine volontairement et rationnellement sans que son libre arbitre puisse être en rien entravé. Libéré de ses semblables et de la société, l'homme est aussi libéré de cet être auquel il était ordonné par nature, par essence. S'il y a un être suprême, il ne peut qu'être créé par l'homme, décrété par la volonté générale. A l'époque de la Révolution, la laïcité devait apparaître comme un idéal.

Le Code civil de 1804 est généralement décrit comme une œuvre de compromis entre ces deux idéologies, la traditionnelle qui a exercé son influence pendant des siècles et celle qui prend bientôt le dessus — dans les institutions étatiques, puis peut-être dans la population. En insistant sur l'originalité de cette prétendue synthèse plutôt que sur la continuité de ses composantes, les auteurs font de la Révolution française le bouleversement d'où tout part et auquel tout remonte. Pourtant, ni la France, ni la nation, ni le peuple, ni même l'Etat ne sont nés en 1789. Le droit civil français n'est pas davantage né en 1804.

Les qualités de cette œuvre législative sont immenses. Rédigé en quatre mois par Portalis, Tronchet, Maleville et Bigot de Préameneu, un avocat et trois magistrats représentant le droit coutumier pour deux d'entre eux et le droit écrit du Sud pour les deux autres, le Code a certainement contribué à la constitution de la société française du XIXe siècle.

L'adoption du Code civil est d'abord un phénomène de pouvoir. Bonaparte l'impose d'abord aux représentants du peuple, les Tribuns, qui n'y étaient pas favorables et dont certains furent limogés, puis à la population d'une bonne partie de l'Europe progressivement conquise par les armées impériales. C'est aussi un phénomène de société, d'une société qu'il décrit et façonne tout à la fois. Il est habituellement analysé comme le code de petits bourgeois propriétaires fonciers. Ses dispositions ne se seraient pas appliquées aussi aisément dans toute l'Europe, à l'île Maurice et en Louisiane si elles n'avaient eu une vocation beaucoup plus générale. Le Code civil de 1804 est encore un phénomène de savoir et de civilisation. Ses caractéristiques ont longtemps été recherchées dans sa conception du rôle de la volonté individuelle, reconnue efficace en elle-même, sans aucun renfort d'ordre administratif ou judiciaire et sans l'appoint d'aucune formalité ou autre symbole matériel. C'est plus sûrement dans sa façon de gouverner les hommes que l'œuvre napoléonienne se rattache à une civilisation. Les citoyens libres et responsables auxquels elle s'adresse peuvent accepter un modèle relativement contraignant dès lors qu'il respecte leurs traditions et ne prétend pas étendre son empire au-delà du raisonnable.

Le propre du Code civil est de guider les citoyens et les juges à distance, avec bon sens et avec souplesse, sans se faire d'illusion sur son pouvoir véritable et sans entrer dans le détail. En fixant des principes de vie et des principes de solution, en rassemblant les seules dispositions qu'ils croyaient discerner dans le « droit commun de la France », ses auteurs ont su garder le silence lorsqu'il le fallait et n'ont pas cru devoir tout prévoir. Leur prudence les en a dissuadés, d'autant plus qu'il savaient être dans l'impossibilité de déterminer les conséquences sociales d'interventions législatives trop précises. Ils se sont donc limités à l'essentiel, aux conditions nécessaires de toute vie en société, respect des contrats, famille fondée sur l'engagement conjugal... Ils ont compris que le législateur n'avait mission ni de créer, ni de définir les institutions humaines essentielles : il y avait des contrats et des familles avant que la loi ne se souciât de les régir. Ils ont eu la sagesse de laisser en dehors du domaine des prévisions légales ce qui, par définition, se refusait à y entrer. Les situations de fait telles que le concubinage en donnent un excellent exemple. Quelle que soit la faveur réservée par ses rédacteurs au lien conjugal, le Code civil respectait la liberté des hommes et des femmes qui choisissent de vivre hors mariage, c'est-à-dire en dehors du statut légal conçu pour les couples qui s'engagent. C'est seulement *a posteriori,* après rupture, que le droit civil français se saisissait de ces situations pour imposer la réparation des préjudices causés par la faute éventuelle de l'un ou de l'autre.

Le Code civil est enfin un phénomène de culture.

Stendhal affirmait y trouver un modèle de style. Et l'allitération grandiose de l'article 556 est célèbre : « Les atterrissements et accroissements qui se forment successivement et imperceptiblement aux fonds riverains d'un fleuve ou d'une rivière s'appellent alluvions. » Plus généralement, le Code porte la marque de l'influence des philosophes du XVIIIe siècle et de leur individualisme volontariste qui se mêle au nominalisme du Moyen Age, aux préoccupations jansénistes d'un Domat, comme au réalisme aristotélicien et thomiste.

Reconnaître cette multiplicité d'inspirations est le moyen d'éviter le piège qui s'est refermé sur tant d'interprètes. Ils ont cru que le Code de 1804 avait été écrit par des admirateurs exclusifs de Rousseau. Ils ont cru que la consécration du principe du transfert de la propriété par les seules volontés accordées du vendeur et de l'acheteur venait de là. L'analyse est doublement fausse. Elle l'est parce que la pratique notariale antérieure avait progressivement atténué l'importance des formalités requises pour changer de propriétaire ; ce n'est pas la critique idéologique, mais le sentiment de leur inutilité et l'oubli de leur symbolisme qui ont provoqué leur déclin. Le rattachement du principe du transfert par le seul consentement à l'idéologie des Lumières est encore erroné pour une seconde raison. Le Code civil n'a consacré cette règle qu'avec beaucoup de discrétion, voire de timidité et même de maladresse dans la terminologie ; ses auteurs s'inquiétèrent des difficultés de preuve et de publicité et n'osèrent pas même accomplir le dernier pas qui aurait marqué la rupture avec les formalités du Moyen Age. Ils se contentèrent de périphrases assez hésitantes (art. 1138 et 1583). Le Code civil de 1804 n'est ni un point de départ, ni un point d'aboutissement. L'efficacité du contrat pour transférer la propriété était en germe dans le droit antérieur et n'a pas été reconnue par le Code ; il fallut attendre les synthèses doctrinales du XIXe siècle.

La remarque a valeur générale. « Du Code civil (il faudra) un siècle d'efforts et de controverses (pour que) progressivement (surgisse) le Droit civil » (Philippe Rémy).

Le plus grand mérite des rédacteurs du Code civil est sans doute d'avoir trouvé un certain équilibre entre la double préoccupation de la justice rendue à chacun dans chaque espèce et d'une justice plus générale, dotée d'une mission pédagogique en faveur de modèles de vie préférables pour les hommes et pour la société. Rendre à chacun le sien dans une situation donnée et s'efforcer d'éviter le retour de cette même situation dommageable et litigieuse, tels sont les deux objectifs inlassablement poursuivis par le droit civil français classique ; ils ne sont pas aisément conciliables.

Pour en faciliter l'harmonisation, une règle d'or est à respecter : maintenir une distance satisfaisante entre chaque règle générale et les cas qu'elle doit régir. Les directives suffisamment compréhensives que donne le Code ont été source de liberté pour les citoyens dans bien des cas et pour les interprètes dans tous.

Deux remarques s'imposent encore pour compléter la description sommaire de l'apport du Code civil français. La première est d'ordre historique. Parce qu'elles étaient générales, les dispositions du Code civil respectaient le rôle de la doctrine et de la jurisprudence : n'ont-elles pas à parcourir sans cesse la distance qui sépare la règle de l'espèce ? C'est par erreur ou par simplification abusive que les civilistes français du XIXe siècle ont été présentés comme des esclaves du Code. Ses commentateurs ne formèrent jamais cette trop fameuse « Ecole de l'Exégèse » que les juristes du XXe siècle critiquèrent avec tant de verve ; ils savaient utiliser les dispositions légales comme un guide vers la solution la moins injuste.

La seconde observation porte sur les causes du succès du Code. La prétendue adaptation des règles édictées aux mœurs de l'époque ne saurait expliquer le succès d'une législation qui s'est appliquée dans un grand nombre de pays et pendant une fort longue période. L'excellent style littéraire du Code n'aurait pas suffi non plus. La qualité majeure des juristes qui ont rédigé le projet du Code a sans doute été la modestie. Plutôt que de prétendre inventer un droit nouveau, ils ont puisé dans l'expérience juridique antérieure ; ils y ont trouvé l'art d'inclure le devoir-être — ce qui doit être — dans la constatation de l'être — ce qui est. C'est la raison pour laquelle la législation civile de 1804 a pu œuvrer pour le bien commun avec une certaine efficacité fondée sur l'adhésion populaire.

II. — La grande période prétorienne

De 1870 à 1940, les lois civiles nouvelles sont rares, mais une série de grandes décisions de la Cour de cassation affectent profondément le droit civil français ; elles avaient leurs précédents, mais ils n'avaient été suffisamment reconnus. Le principe selon lequel toute personne qui s'enrichit sans justification au détriment d'autrui doit indemniser l'appauvri, la règle interdisant à tout titulaire d'un droit d'en abuser, la présomption de responsabilité pesant sur le gardien d'une chose qui est à l'origine d'un dommage sont consacrés par des arrêts rendus à cette époque, entre 1870 et 1940. La doctrine s'en fait l'écho d'autant plus volontiers qu'elle est convaincue du vieillissement du Code.

La présentation habituelle de ces événements est très simple, trop simple peut-être. Alors que les textes de 1804 n'auraient plus répondu aux besoins d'une société profondément affectée notamment par les révolutions industrielles successives, les tribunaux auraient fait preuve de plus d'audace et de liberté d'esprit qu'un législateur toujours impressionné par la codification napoléonienne. La contradiction avec les opinions relatives à l'Ecole de l'Exégèse est à souligner : où ces juges formés par une prétendue école doctrinale totalement asservie à la loi auraient-ils puisé leur audace ?

En réalité, l'histoire du droit civil français entre 1870 et 1940 est plus complexe. Les causes de l'opposition des attitudes du législateur et des juges sont multiples, comme les manifestations de l'imagination des juges.

Sur le premier point, le vieillissement du Code de 1804 était en bien des domaines moins marqué que ne l'ont cru les juristes du début du xxe siècle. Le mérite des juges a moins été de le rajeunir que d'en tirer le meilleur parti. De quelques dispositions précises, les interprètes de la période 1870-1930 tentaient de déduire de grands principes quasi philosophiques, des dogmes rigides : principe d'autonomie de la volonté, de l'absolutisme de la propriété... Ces constructions théoriques induites du Code furent à peu près simultanément soutenues par certains auteurs et combattues par les juges ; elles étaient sans doute aussi peu conformes aux besoins de la société qu'à ses traditions. Comme elles n'étaient nullement contenues dans le Code, les tribunaux n'ont eu aucune peine à les rejeter.

Ainsi le prétendu absolutisme de la propriété n'a-t-il probablement jamais été de droit positif ! La règle contraire selon laquelle est engagée la responsabilité du propriétaire qui use de son droit au préjudice d'autrui et sans intérêt légitime pour lui a sans doute été affirmée en 1915 par la Cour de cassation, mais de nombreuses décisions l'avaient déjà appliquée au XIXe siècle. Toute la question a été et demeure de savoir quels intérêts invoqués par le propriétaire sont jugés légitimes et quels moyens peuvent être employés pour les satisfaire. La résoudre, c'est déterminer le domaine réel d'application de la qualification d'abus de droit : son intérêt pratique doit-il être limité à des cas extrêmes ou peut-il s'étendre à bien des situations quotidiennes ?

Les mouvements qui ont animé le droit civil français durant cette période ne sont pas moins variés que leurs causes. Chaque arrêt rendu sur la responsabilité du fait des choses est venu ajouter un élément supplémentaire à un ensemble dont l'inspiration n'a pas varié de 1896 à 1940. Les tribunaux ont progressivement éliminé toutes les distinctions initiales pour étendre sans cesse le domaine de la présomption pesant sur le gardien ; ils l'ont aussi renforcée pour améliorer encore le sort de la victime. A l'inverse, le domaine de l'enrichissement sans cause, consacré d'abord de la manière la plus large, n'a cessé de régresser ; des arrêts de 1914 et 1939 notamment ont rendu les conditions de l'action plus difficiles à remplir. Cette série jurisprudentielle a condamné l'excessive générosité de la décision inaugurale rendue en 1892 ; si la logique en avait été suivie, tout le droit français aurait probablement été absorbé dans le « principe d'équité qui défend de s'enrichir au détriment d'autrui ».

En rendant les grands arrêts de principe qui ont scandé la période 1870-1940, les juges ont su faire la part des propositions doctrinales — ils s'inspiraient d'Aubry et Rau, de Josserand... — et du pragmatisme. Le droit français n'a donc pas connu un mouvement linéaire et parfaitement cohérent. La tendance à accroître la protection des victimes est propre au droit de la responsabilité dont l'équilibre a été bouleversé ; l'histoire juridique du XIXe siècle ne saurait être ramenée à cette unique préoccupation.

III. — Le renouveau législatif

L'ampleur de la tâche qui attendait le législateur du XXe siècle était telle que son œuvre ne pourrait présenter une réelle unité. La réforme du droit patrimonial de la famille allait connaître une « législation inspirée et de grand souffle » (G. Cornu), alors que le droit des contrats serait constellé de réformes partielles.

1. **Le droit patrimonial de la famille.** — Dans les années soixante, la résistance opposée par l'Assemblée nationale aux projets gouvernementaux de réforme du Code civil conduit M. le Président Jean Foyer, ministre de la Justice, à prendre une décision historique.

Une réforme du Code civil, question par question, pan par pan (régimes matrimoniaux, adoption, malades mentaux, autorité parentale, filiation...), serait mise en chantier. La rédaction des avant-projets de loi serait confiée à un seul auteur. Pour faciliter la réception des dispositions nouvelles, le plan du Code serait respecté, ainsi que son style littéraire. Le choix de M. le Doyen Jean Carbonnier pour concevoir et rédiger les textes soumis au Parlement devait assurer le succès de l'entreprise ; nul autre que cet illustre civiliste ne pouvait mettre autant de talent et de sens du droit au service de la refonte de l'œuvre napoléonienne.

Tremper sa plume dans l'encre de Portalis ne condamnait pas à écrire des lois pour le XIXe siècle. L'inspiration suivie, les techniques adoptées furent fondamentalement renouvelées. Dans la préparation des réformes, la place des études statistiques et des sondages d'opinion fut considérable. M. le Doyen Carbonnier imposa ainsi le recours à la sociologie dans l'élaboration des lois, afin de mieux tenir compte des aspirations de la population. Toute la difficulté était de trouver l'équilibre entre les informations ainsi obtenues et les enseignements de la tradition juridique, de l'histoire sociale, de la morale...

L'inspiration majeure de cette nouvelle constitution civile de la France fut désignée sous le nom de pluralisme. Les dispositions consacrées devaient offrir un régime juridique pour chacun des comportements dont il avait été constaté qu'il était adopté par certains sans provoquer de notable réaction de rejet. Le législateur ne favoriserait plus telle attitude jugée préférable. Il ne refuserait plus aux autres la reconnaissance légale ; il les sanctionnerait moins encore. La loi ne paraîtrait plus donner un modèle de vie ; pédagogue moins avoué, le législateur semblerait laisser le choix entre des mœurs déclarées juridiquement équivalentes, quels que puissent être les méfaits individuels, sociaux ou moraux, à court, moyen ou long terme, de certaines d'entre elles. Les exigences de la démocratie ont fait applaudir à cet effort de neutralité. L'idéal ne serait-il pas de respecter toutes les aspirations de toute la population sans distinction, et notamment celles des minorités ?

Une idéologie commune et un peu trop facile étant laissée de côté, quelques inquiétudes demeurent. La réalité de ces aspirations populaires est douteuse. Sont-elles autre chose que les revendications, d'ailleurs bien changeantes et souvent savamment orchestrées, de minorités bruyantes ? Les sondages saisissant « de simples opinions » et non des « choix responsables » ne sont guère « probants » (J. Carbonnier). S'ils traduisent la tolérance par indifférence de la majorité du corps social à l'égard des comportements en cause, ils ne justifient pas leur légitimation par la loi. Est-il prudent de préférer les vagues aspirations communes d'un moment aux enseignements de l'histoire, des traditions nationales et de la morale ?

Quinze ans après la grande réforme de 1972 qui avait semblé présenter les filiations en mariage et hors mariage comme équivalentes, M. le Doyen Carbonnier s'interrogeait, avec une lucidité et un courage peu communs : « La chute de la nuptialité ne conduit-elle pas à mettre radicalement en cause la loi du 3 janvier 1972 sur la filiation ? Car il est plausible de considérer que, dans une proportion qui n'est d'ailleurs ni chiffrée, ni pratiquement chiffrable, l'égalité de droits reconnus aux enfants naturels peut agir sur les couples comme un dissuasif du mariage » (préface à l'ouvrage *Les concubinages. Approche sociojuridique*, CNRS, 1986, p. 11).

Les grandes lois promulguées entre 1964 et 1974 avaient donné l'impulsion. Elles furent bientôt suivies de réformes à l'inspiration plus simpliste. La vogue égalitariste a notamment conduit à l'adoption de la loi n° 85-1372 du 23 décembre 1985 qui donne, aux deux époux mariés sous le régime légal de communauté, des pouvoirs identiques. Sous couvert de neutralité, le législateur sacrifie la femme au foyer en lui refusant notamment tout crédit assis sur les revenus de son mari.

2. **Le droit des biens et des contrats.** — Le paradoxe est que, dans d'autres domaines — celui des contrats par exemple —, les lois récentes sont voulues aussi didactiques que possible. Ces mêmes personnes qui sont réputées aptes à choisir leur mode de vie familiale sont tenues pour incapables d'acheter un aspirateur à crédit.

La législation du XXe siècle finissant se caractérise ici par un manichéisme des plus systématiques. Plutôt que d'examiner chaque contrat, chaque opération en tenant compte de toutes les circonstances concrètes qui permettent de rechercher la solution juste, les lois dites de protection du consommateur supposent, par principe, que la justice et la bonne foi sont nécessairement du côté de ces derniers. Les industriels et les commerçants, les organismes de crédit plus encore sont conçus comme des spécialistes de l'abus d'influence. Pour mettre le consommateur à l'abri, les formalités s'accumulent, les lenteurs s'ajoutent aux causes d'irrégularité. Des délais de réflexion sont institués. Le législateur semble ignorer que ces solutions ont un coût réel et considérable.

La loi n° 79-596 du 13 juillet 1979 relative au crédit immobilier par exemple contraignait le prêteur qui a émis une offre à attendre dix jours au moins avant de recevoir l'acceptation du prêt. Elle a eu pour principal effet de multiplier les offres de prêt antidatées. Ne renonçant pas à son rêve technocratique, le législateur a cru maîtriser la pratique en exigeant l'envoi de l'offre « par voie postale » (L. n° 89-1010 du 31 décembre 1989). Les échappatoires n'ont pas tardé à reparaître.

Plus grave encore est la possibilité donnée à l'acquéreur d'un bien immobilier de se prévaloir de son besoin de crédit pour ne s'engager qu'en apparence. Il achète plusieurs biens sous condition d'obtention de prêts qu'il ne sollicitera même pas ; en se réservant ainsi une possibilité de choix, il cause préjudice aux vendeurs qui devront attendre et attendre encore avant de retrouver la liberté de tenter de vendre à un acquéreur qui usera peut-être du même stratagème. Combien d'entre eux iront jusqu'à demander au juge de prononcer des sanctions qui, le plus souvent, ne leur donneraient pas ce qu'ils attendent, à savoir le prix de vente de leur bien ? La tradition juridique enseignait qu'il est dangereux de toucher à l'obligation de contracter de bonne foi ; il eût fallu s'en souvenir.

En copropriété immobilière — situation des propriétaires d'appartements dans un bâtiment collectif —, le législateur a également multiplié les dispositions d'ordre public. La loi n° 65-557 du 10 juillet 1965 était déjà chargée de précisions de détail qui faisaient perdre de vue les principes. Le décret d'application du 17 mars 1967 (n° 67-223) a considérablement aggravé la situation en imposant le respect de multiples délais, en énumérant les documents qui doivent être joints aux convocations à l'assemblée générale... Une réforme est intervenue : la loi n° 85-1470 du 31 décembre 1985 a augmenté le poids des contraintes. Et pourtant les difficultés majeures demeurent sans solution : le nombre des litiges est tout à fait excessif et les propriétaires, plus sensibles aux inconvénients qu'aux avantages de leur situation, sont insatisfaits.

Le cas de l'indivision — situation de propriétaires multiples d'une même chose qu'ils ont acquise ensemble ou dont ils ont hérité — est à citer à part. Ici aussi, une réforme est intervenue. Les auteurs de la loi n° 76-1286 du 31 décembre 1976 ont su retrouver les qualités traditionnelles de la législation française la mieux venue. Ils ont récusé le rêve d'une communauté où la bonne entente serait assurée. Une indivision durable et rentable est une chance qui se mérite ; ceux qui ne peuvent s'entendre devront accepter le partage ou la vente des biens communs. C'est une des raisons pour lesquelles l'unanimité demeure requise chaque fois qu'une décision grave est à prendre.

Ainsi le droit civil français est-il passé de l'Ancien Régime à la France impériale, puis républicaine ! Il nous est parvenu, riche de tous ces efforts, de toutes ces tentatives, de ces réformes successives, de ces innombrables jugements, de ces interprétations nuancées, subtiles ou sommaires. Qui prétendrait le ramener à quelques préceptes solennels ?

Il faut y insister. Le droit civil n'est pas la somme de l'article 334 : « L'enfant naturel a en général les mêmes droits et les mêmes devoirs que l'enfant légitime dans ses rapports avec ses père et mère » ; de l'article 544 : « La propriété est le droit de jouir et disposer des choses de la manière la plus absolue, pourvu qu'on n'en fasse pas un usage prohibé par les lois ou par les règlements » ; et de l'article 1134 : « Les conventions légalement formées tiennent lieu de loi à ceux qui les ont faites... » Quelle aberration de croire qu'un juriste se forme en apprenant ces quelques dispositions par cœur !

PREMIÈRE PARTIE

LES JURISTES ET LE DROIT CIVIL

Nul ne peut se dire juriste en France s'il n'a pas été suffisamment nourri de droit civil. Parce qu'il est le « droit commun de la France », le droit civil fournit aux autres disciplines juridiques nombre de leurs notions fondamentales. Comment parler de propriété, de contrat ou de servitude, que ce soit en droit administratif, en droit pénal, voire en droit international, sans se référer au droit civil ? Il importe donc de préciser les relations qu'entretiennent ces diverses matières. C'est l'occasion de souligner les caractères du droit civil. Il y a plus ; la qualité de la doctrine civile — les auteurs et leurs écrits — en a fait une sorte de modèle. La formation au raisonnement juridique — qui est la seule formation juridique digne de ce nom — s'acquiert spécialement dans l'étude du droit civil.

CHAPITRE PREMIER

LES CARACTÈRES DU DROIT CIVIL FRANÇAIS

Les caractères ou le caractère ? Notre droit civil a assurément du tempérament. Depuis les antécédents du Code civil jusqu'aux réformes des années soixante-dix et quatre-vingt, une puissante inspiration l'anime. A l'évidence, les solutions, les règles et même certains principes ont changé ; les données, les buts, les moyens ont été renouvelés. Pourtant, le propre du droit civil est de demeurer un ensemble qui a sa cohésion, sa logique et ses exigences. Toute innovation y prend sa place en réagissant sur son contexte et en subissant son influence ; c'est le mérite historique des pères des réformes récentes du droit de la famille (1964-1974) que d'y avoir été attentifs. Le droit civil ne se définit donc pas seulement par son objet. Il est vrai qu'il traite de toutes les relations privées (famille, contrats, propriété...) dans toute la mesure où elles ne relèvent pas du monde du travail, du commerce... Encore faut-il bien savoir que le droit civil demeure le socle commun sur lequel s'élève presque tout l'édifice juridique français.

I. — Le droit civil et les autres branches du droit

Le droit français, cet ensemble considérable de règles anciennes et nouvelles, n'est pas le manteau d'Arlequin. Ce n'est pas la variété des couleurs qui lui manque, mais l'indépendance des morceaux. Entre ces diverses matières que la tradition — tradition universitaire et scientifique surtout — semble imposer de distinguer, les communications, les interactions sont nombreuses et importantes. Il serait parfaitement possible d'étudier, non plus le droit civil, le droit commercial, le droit pénal..., mais les aspects civils, commerciaux et pénaux, administratifs et fiscaux de l'assurance, de la construction immobilière, voire du mariage. Pourtant, le regroupement d'un ensemble de règles et de notions sous la commune bannière du droit civil ne procède pas du caprice des auteurs de programmes universitaires. Là où la mode du changement y a fait renoncer, sous le prétexte de spécialisation et d'approfondissement, la réflexion s'est assez généralement appauvrie avec l'esprit de synthèse. Parce que la gamme des techniques juridiques est assez pauvre, il ne faut se priver d'aucune occasion de les envisager toutes ; le droit civil, c'est d'abord un grand réservoir de techniques, voire d'idées. Il constitue un corps de règles dont ni la cohérence, ni l'inspiration ne peuvent être méconnues ; ses principes et ses qualifications innervent tout le droit français. C'est pourquoi, il importe de préciser ses relations avec d'autres ensembles juridiques de première importance.

1. **Droit civil et droit constitutionnel.** — Il fut un temps où nul n'aurait songé à s'inquiéter de la distinction du droit constitutionnel et du droit civil, ni même à s'interroger sur leurs relations. Aujourd'hui, ces questions peuvent se poser. Il en est ainsi parce que le droit constitutionnel français a connu, ces dernières années, un développement spectaculaire. Aux règles de compétence (du Parlement — lois — et du gouvernement — décrets — spécialement) qui découlent de la Constitution du 4 octobre 1958, sont venues s'ajouter bien d'autres règles constitutionnelles. Puisées dans le texte de la Constitution, dans son Préambule, dans les textes constitutionnels antérieurs, dans les principes fondamentaux reconnus par les lois de la République, voire dans des principes généraux à valeur constitutionnelle (L. Favoreu), elles sont établies par le Conseil constitutionnel. Celui-ci dégage une conception du droit de propriété, de la volonté contractuelle... Et ses décisions « s'imposent

aux pouvoirs publics et à toutes les autorités administratives et juridictionnelles » (art. 62 de la Constitution). Ainsi, « les normes contenues dans la Constitution, les préambules, la Déclaration des Droits, les lois de la République et d'une manière générale les principes de valeur constitutionnelle découverts par le Conseil constitutionnel, vont être d'abord intégrés dans le droit positif puis situés au plus haut échelon de la hiérarchie des normes et ensuite interprétés avec autorité de chose jugée » (L. Favoreu) ; le Conseil peut, en effet, aller jusqu'à imposer une certaine interprétation des lois. Les conséquences de l'enrichissement des bases constitutionnelles du droit civil ne doivent pas être exagérées. Le droit constitutionnel ne prétend agir que sur les principes du droit civil. C'est une erreur commune en doctrine que d'accorder trop de crédit aux principes. Le droit ne peut jamais être délibéré à un tel niveau de généralité, ni *a fortiori* enfermé dans une formule, si finement ciselée soit-elle. Les vrais principes s'induisent très approximativement d'une multitude de règles techniques ; contre ces infinis détails, ces multiples correctifs, ces incessantes corrections, aucune autorités aucun Conseil constitutionnel ne peut rien. Avec eux, il ne peut pas grand-chose, pas même leur donner une expression formelle tout à fait satisfaisante : il est d'ailleurs révélateur que le Conseil soit généralement conduit à se contenter de proclamer hautement un principe, avant d'en consacrer le sacrifice en tolérant toutes les dérogations. En définitive, sans une tradition constitutionnelle mettant quelques principes fondamentaux à l'abri de toute atteinte (S. Rials), le contrôle de constitutionnalité ne peut que demeurer platonique ou incertain.

2. **Droit civil et droit administratif.** — Le droit administratif a vocation à régir les rapports entre l'administration et les particuliers. C'est aujourd'hui une tradition française bien établie que la condition juridique singulière — c'est-à-dire privilégiée — reconnue à l'administration. Droits particuliers des personnes publiques sur leurs biens, prérogatives renforcées dans leurs rapports avec leurs cocontractants, régime particulier de responsabilité, pouvoir très large de décision unilatérale, l'administration n'est pas traitée comme le citoyen. Et c'est encore une caractéristique de notre époque que l'accroissement de ses prérogatives. La fiscalité suffirait à lui en donner l'occasion, mais elle a aussi de multiples fonctions de contrôle (sur la construction immobilière, sur la fabrication de matériels...). Il en résulte une évidente complémentarité entre droit civil et droit administratif. Nul doute qu'une petite exigence du second puisse ruiner le plus fondamental des principes du premier. Pour apprécier les conditions de réalisation de telle ou telle opération, choisir tel ou tel contrat, adopter tel ou tel projet, il faut connaître les règles administratives applicables. Ce serait pourtant trop simple de ne voir là que le signe du déclin du droit civil. Pour comprendre et apprécier le phénomène, il faudrait savoir faire la part de ses deux causes. L'interventionnisme étatique joue évidemment un rôle considérable, alors que la mesure de ses bienfaits est incertaine, alors que la mesure de ses méfaits est trop certaine. La deuxième cause, c'est ce qu'il faudrait appeler la civilisation du grand nombre. L'augmentation souhaitable de la population et son rassemblement, en partie provoqué, dans des lieux restreints placent l'intérêt général sans cesse plus au

contact des intérêts particuliers. Peut-être le droit civil français sortira-t-il, un jour, grandi de la victoire qu'il aura remportée sur cette source nouvelle de complexité.

3. **Droit civil et droit pénal.** — Du droit pénal, le droit civil se distingue sans peine. Un exemple simple le montre. Voici une personne qui en a blessé volontairement une autre ou qui a abusé de sa confiance. Le droit civil lui impose de réparer le dommage causé à sa victime ou annule le contrat dont la conclusion n'a été obtenue qu'en provoquant l'erreur de l'autre partie. L'objectif est de rétablir l'équilibre rompu entre les deux personnes. Le droit pénal réprime ; il inflige une peine, amende versée à l'Etat, emprisonnement... Même s'il s'agit encore de rétablir un équilibre, la démarche est évidemment radicalement différente. L'opposition semble irréductible, même si les rapprochements sont évidemment permanents. Parce qu'il met directement en cause la liberté individuelle, le droit pénal doit être particulièrement attentif à la sécurité des citoyens. Le principe de légalité paraît lier l'interprète si étroitement que la part du raisonnement y serait nécessairement bien réduite. En réalité, le même effort qu'il faut accomplir dans la recherche du droit civil se retrouve en droit pénal, avec simplement une importance accrue donnée à la prévisibilité des règles.

Droit pénal et droit civil ont bien souvent des actions complémentaires. La règle civile qui refuse toute efficacité à la volonté exprimée dans certaines circonstances et dissuade ainsi de préconstituer ces circonstances (manœuvres frauduleuses, violence...) est renforcée par une règle pénale correspondante qui réprime le même comportement. C'est un trait caractéristique des législations récentes que de multiplier les hypothèses où les règles civiles sont complétées par des sanctions pénales. Si l'adultère n'est plus, depuis 1975, qu'une faute civile, le droit dit des consommateurs, celui de la location ont désormais volontiers recours à la « force de frappe » du droit pénal. Pour quelle efficacité ?

4. **Spécificité du droit civil.** — Ces comparaisons — qu'il faudrait poursuivre — ne suffisent pas à révéler les caractères propres du droit civil français. Ses qualités les plus notables sont de bénéficier d'une législation inspirée et d'une cohérence inégalée. Parce qu'il touche à des questions humaines fondamentales, le droit civil ne peut se contenter d'aligner des techniques. La définition des personnes, la protection physique et morale qui leur est accordée, la constitution de la famille notamment supposent des choix essentiels, des convictions, des objectifs. C'est, par exemple, une importante différence entre droit civil et droit commercial. La loi sur les sociétés commerciales est une loi sans âme, qui semble vouée seulement à décrire des structures et se contente de poursuivre quelques objectifs limités. Ce n'est pas la matière qui l'impose, à preuve la loi sur l'indivision dont l'objet ne paraît guère plus propice à l'imagination et qui est pourtant une grande loi. Le droit civil ne connaissait presque pas autrefois de ces lois dont l'ambition semble limitée à la description et au quantitatif (nombre de membres de ceci, délai pour cela...). Aujourd'hui encore, il en comporte peu et s'en satisfait mal. Même le statut de la copropriété des immeubles bâtis qui n'avait pas su se défaire

d'une conception strictement individualiste de la propriété a pu être au moins l'occasion de réflexions plus approfondies et de controverses entre diverses écoles de pensée.

Il ne faut pas déplorer la puissance des idéologies et des convictions en droit civil. Qu'il traite de la personne humaine ou de la famille, il est toujours très proche de la morale et de la religion. Qu'il donne leur régime aux contrats et aux biens, et il met en cause la liberté individuelle, l'efficacité économique... C'est peut-être pourquoi l'espoir d'un droit civil neutre (laïc, pluraliste...) est en partie illusoire ; c'est sans doute pourquoi le rêve de civilistes neutres, simples lecteurs de lois et de décisions de justice, ne peut rester qu'un rêve. Détacher le régime juridique de la famille de la tradition catholique, c'est à peu près inévitablement le soumettre à une autre religion, serait-ce au dogme marxiste ou au volontarisme individualiste.

La cohérence du droit civil n'est pas moins caractéristique que son inspiration. C'est un ensemble où tout est lié ; toute réforme d'un élément se répercute sur tous les autres et connaître telle solution suppose d'examiner celles qui l'entourent. Les règles civiles, si diverses soient-elles, si différents soient leur objet, leur but et leur technique, contribuent dans une certaine mesure à la définition du citoyen ; et cette définition doit avoir sa logique. Il n'est pas bon qu'à la même époque le droit des contrats se veuille inégalitaire pour la protection des plus faibles, tandis que le droit de la famille se montre de plus en plus sensible aux aspirations à l'égalité et à la liberté, même si celles-ci se développent au détriment des intérêts les plus vulnérables. Cette recherche de cohérence a des conséquences très importantes. Elle est, d'abord, un principe d'interprétation. Telle loi ne peut pas vouloir signifier l'inverse de telle autre applicable simultanément et dans des circonstances comparables. Telle décision de justice ne peut être considérée comme contredisant telle autre que dans les hypothèses de revirement délibéré, d'erreur ou de désaccord raisonnable. Le souci de cohérence peut ensuite atténuer la signification d'une réforme ; reposant sur des concepts originaux, trop différents ou trop incompatibles avec les notions antérieurement dégagées, elle recevra une interprétation réductrice destinée à en permettre la réception par le corps entier des règles civiles. L'avenir dira qui, de l'innovation ou des principes antérieurs, l'emportera. Le souci de cohérence peut, encore, engendrer un phénomène de contagion. Une réforme audacieuse et bien venue emportera, avec elle, tout un pan de la matière et imposera progressivement sa cohérence. Si celui qui emprunte une certaine somme à un banquier a droit à un délai de réflexion ou peut revenir sur son accord, pourquoi d'autres contractants ne bénéficieraient-ils pas de la même faculté ? Si les malades mentaux sont civilement responsables des dommages qu'ils causent, l'enfant en bas âge qui n'est pas davantage conscient de ses actes ne doit-il pas l'être également ou bien leurs situations sont-elles, en réalité, différentes ?

Il serait facile de multiplier les exemples. Ils mettent en lumière la grande responsabilité du législateur, même dans ses initiatives les plus modestes et les plus limitées. Paradoxalement, ils révèlent aussi les limites de son pouvoir. L'essentiel à comprendre est que la loi n'est pas le droit ; le droit se construit notamment à partir des lois et de bien d'autres éléments de décision, mais aucun législateur ne peut savoir avec certitude ce que deviendra ce texte qui ne lui appartient plus, lorsqu'il aura été appliqué, interprété et mis en rapport avec tous les autres textes du droit civil.

II. — Politiques et techniques civiles

Ce pourrait être un petit manuel à l'usage d'un législateur rationnel, inspiré du grand ouvrage de François Gény, *Science et technique en droit privé positif*. Le droit est une *science* parce qu'il ne peut être découvert que moyennant la connaissance préalable des donnés de son application, *donnés* historique, matériel, mais aussi idéal... Le droit est une *technique* parce que sa mise en œuvre repose sur un ensemble de procédés qu'il faut *construire* pour parvenir au résultat souhaité. Limitons ces propositions à la loi et remarquons que, entre la connaissance « scientifique » des donnés (ou des données) de la législation et la construction technique des règles, il y a place pour autre chose. Gény lui-même aurait certainement admis la responsabilité qu'engendre, pour le législateur, l'obligation où il se trouve de *choisir* des buts. Entre la science et la technique, il y a la *politique* juridique.

Toute la question serait de savoir dans quelle mesure les auteurs de lois civiles ont conscience de la science qu'ils ont à acquérir, des choix qu'ils ont à effectuer, de la variété des objectifs qu'ils peuvent poursuivre et de la diversité des techniques disponibles.

1. **Politiques civiles.** — De tout temps, la question posée par la législation civile, du point de vue de ses

buts, est la même : est-il souhaitable et possible de promouvoir les meilleurs comportements ? Cette difficulté préalable n'est pas moins redoutable que la détermination de ces « bonnes mœurs ». Il est sûr que toute loi a une influence sur les attitudes des citoyens, mais ce n'est pas nécessairement celle qui a été recherchée ; c'est l'une des raisons qui militent en faveur d'une législation respectueuse des traditions et point trop ambitieuse.

A dire le vrai, les buts les plus généraux de toute réforme peuvent être de deux ordres. Ou bien le législateur décide de gouverner les hommes, ou bien il ne s'attache qu'à gérer tous leurs comportements possibles, bons ou mauvais. Gouverner les hommes, c'est sélectionner les bonnes mœurs et, au moins, les favoriser. C'est, par exemple, lutter contre le développement de la famille dite naturelle, c'est-à-dire hors mariage ; c'est lutter contre l'augmentation du nombre des divorces et, par conséquent, agir sur les causes de conflits conjugaux ; c'est aussi imposer le respect de la parole donnée et de la bonne foi. Pour se convaincre de l'utilité de telles politiques, le législateur a bien des raisons. Il y a d'abord la conviction que tous les comportements ne sont pas équivalents ; une œuvre civilisatrice n'est-elle pas à accomplir en faveur du bien, du bien commun ? C'est reconnaître que règle civile et règle morale ne peuvent demeurer étrangères l'une à l'autre, mais s'appuient nécessairement l'une sur l'autre. La loi exerce son influence, non par les solutions qu'elle adopte, ni même par les principes qu'elle consacre expressément, mais par les représentations que la presse notamment en porte dans l'opinion. A tout prendre, il importe peu que la loi sur le divorce comporte, ou non, des freins, des obstacles de tous ordres, des délais dissuasifs ; l'essentiel est que la population n'y perçoive pas la consécration de la liberté de divorcer. Pour décider de gouverner les hommes, le législateur doit ensuite comprendre qu'il ne peut ignorer les expériences du passé. L'histoire n'enseigne-t-elle pas que certains types de comportements mènent les hommes au malheur et les peuples au déclin ? Enfin, il est clair qu'une loi prétendument neutre, acceptant tous les comportements, favorise ceux qui peuvent apparaître les plus commodes à court terme.

Le législateur se contente désormais, de fournir un régime juridique pour chaque mode de vie. Il veut paraître se désengager des querelles de convictions morales ou religieuses et laisser la société assurer elle-même sa régulation. Toute la question est de savoir s'il peut vraiment s'effacer derrière le fait, derrière des comportements qu'il se refuserait désormais à juger. La réponse affirmative s'impose lorsque ne sont en jeu que des valeurs pécuniaires. Le législateur du XIXe siècle laissait ainsi toute liberté aux parties contractantes de concevoir et d'arrêter leurs conventions. Les auteurs des lois récentes ont reporté le même raisonnement en matière familiale et personnelle. Il est extrêmement difficile de prévoir les conséquences d'une telle décision.

A ces buts très généraux s'en ajoutent de beaucoup plus spéciaux. Ils ne sont pas moins importants et un législateur rationnel ne peut s'en désintéresser. La loi ne doit pas troubler les équilibres sociaux et économiques. Que l'égalité entre héritiers proclamée par le Code civil, « la machine à hacher le sol », ait incité les familles à n'avoir qu'un seul enfant pour éviter la dispersion de leur fortune est un phénomène historique qu'il n'est pas permis d'oublier. De mauvaises lois peuvent menacer la stabilité, voire la cohésion des familles. Plus évidemment encore de mauvaises lois peuvent être sources de multiples « obstacles à l'expansion économique ». Un deuxième objectif peut être d'éviter les conflits et, plus précisément, le contentieux. Ménager d'autres procédures que la judiciaire pour régler les conflits privés pourrait être un bien. Ce qui est sûr, c'est qu'il y a des lois qui multiplient les procès du fait de leur complexité, de leur mauvaise rédaction... L'augmentation du nombre des affaires civiles dont sont saisis les tribunaux n'est pas seulement une plaie pour l'organisation judiciaire.

Enfin, un dernier objectif à envisager peut être de ne pas favoriser les fraudes à la loi. Beaucoup de réformes exagérément ambitieuses sont trop faciles à tourner pour être dotées de la moindre effectivité. Un phénomène de contagion est à craindre surtout dans un pays où la discipline civique n'est pas très spontanée. Ce qui est vrai, c'est que la qualité des objectifs choisis est le plus souvent difficile à apprécier, même *a posteriori*. Il est rare que les méfaits d'une loi soient aussi manifestes que ceux de l'imposition calculée sur les portes et fenêtres (nombre de bâtiments furent, par sa faute, privés de la plupart de leurs ouvertures au risque de devenir insalubres). En revanche, qui pourrait déterminer la part exacte de l'évolution des lois sur la famille dans l'augmentation récente du nombre des enfants nés hors mariage ?

2. **Techniques civiles.** — Les procédés qui permettent de formuler les règles, d'en déterminer le do-

maine et d'en préciser les effets sont extrêmement variés. Un recensement systématique découvrirait une gamme étonnamment riche et sans doute mal exploitée par certains auteurs de lois récentes.

Les techniques principalement utilisées pour délimiter le domaine des règles sont d'ordre qualitatif ou quantitatif. Les lois sur les malades mentaux s'appliquent à ceux dont le mauvais état de santé a été constaté concrètement par un médecin, tandis que les lois sur les mineurs cessent de protéger les personnes à un âge fixé une fois pour toutes et pour tous. Dans l'un et l'autre ordre, le législateur peut procéder par énumération. Une liste peut être établie. Elle peut donner seulement des exemples ; elle peut aussi se référer à un critère général. Des catégories résiduelles peuvent encore être ménagées aux côtés de listes fermées ; ainsi, le Code civil définit-il les biens immeubles, avant de laisser toutes les autres choses tomber dans la rubrique des meubles. A ces techniques principales viennent souvent s'adjoindre des techniques d'appoint. Les présomptions se fondent sur des probabilités ; « l'enfant conçu pendant le mariage a pour père le mari » (art. 312, C. civ.). Encore faut-il préciser que, selon les cas, la loi admet, ou non, que la preuve de la vérité puisse l'emporter sur cette probabilité. Les fictions fardent délibérément cette réalité pour faire entrer un bien, par exemple, sous un régime juridique différent de celui qu'indiquerait sa véritable nature, mais qui lui convient mieux.

Quant aux techniques qui permettent de donner aux règles, l'effet souhaité, elles dépendent, au premier chef, de cet effet. Selon qu'il veut interdire, organiser ou imposer, le législateur civil n'opère pas de même façon. Il peut, notamment, doser différemment les règles impératives, les règles supplétives qui sont seulement destinées à remplacer la volonté privée lorsqu'elle ne s'est pas exprimée et qui peuvent donc être écartées et enfin les règles dispositives qui peuvent également être éludées par la volonté privée, mais à la condition que celle-ci parvienne à régler toutes les difficultés envisagées par le législateur ; ainsi, les époux peuvent soustraire leurs biens au régime matrimonial légal, mais ils doivent alors élaborer un autre régime matrimonial complet.

S'agit-il de prohiber ? Les techniques disponibles paraissent fort nombreuses. Sans évoquer les sanctions pénales, il faut essentiellement songer à la nullité. En s'adressant à un juge, une personne peut obtenir l'anéantissement de l'acte contraire à la loi. Les modalités des nullités sont multiples. Tout se passe comme si le législateur souhaitait que certaines d'entre elles fussent effectivement prononcées ; il permet alors à toute personne qui y trouve intérêt de provoquer l'annulation judiciaire. Il accorde libéralement le droit de critiquer l'acte. Dans d'autres hypothèses, seules peuvent agir en justice certaines personnes désignées spécialement et qui, bénéficiant de la sollicitude législative, peuvent faire peser sur leurs cocontractants la menace de l'anéantissement de leurs conventions. De plus, les nullités diffèrent par leurs effets selon qu'elles éliminent intégralement un acte ou qu'elles en suppriment une clause. Elles peuvent aussi s'accompagner de la substitution d'une personne à une autre pour rétablir la première dans ses droits, voire de la substitution, à une clause prohibée, de la disposition légale impérativement applicable. L'annulation peut être évitée si un contrôle préventif est instauré ; elle peut l'être aussi, lorsque la pratique démontre que les exigences légales sont généralement respectées et qu'il suffit d'engager la responsabilité des auteurs de l'acte incorrect pour éviter les irrégularités. L'acte contraire à la loi peut encore être traité, à l'égard d'une personne qu'il s'agit de protéger, comme s'il n'existait pas : c'est l'inopposabilité ; ainsi la vente conclue entre un autre que le propriétaire et un acheteur quelconque est inopposable au vrai propriétaire. La méconnaissance d'une disposition légale impérative peut aussi être sanctionnée par la privation du droit d'agir en justice. Enfin, le non-respect de la loi est une faute qui oblige son auteur à réparer le dommage ainsi causé à autrui.

Lorsque le législateur veut, non plus interdire, mais organiser, il utilise surtout des règles d'habilitation. La nouvelle politique juridique suivie en droit de la famille en a multiplié les exemples, puisqu'elle donne un rôle accru à la volonté privée. Si le but est d'engendrer une situation durable, l'intervention des particuliers peut revêtir plusieurs significations. Ou bien leur volonté est la condition nécessaire et suffisante de l'opération (exemple du contrat, le plus souvent) ; ou bien elle ne peut être exprimée efficacement qu'après l'obtention d'une autorisation administrative ou après un contrôle judiciaire (homologation) ; ou bien encore des formalités sont requises, pour favoriser l'information ou la réflexion des intéressés, pour faciliter la preuve et la conservation des actes ou pour assurer leur publicité à l'égard des tiers. Le non-respect de ces diverses exigences légales peut être sanctionné par la nullité, par l'inopposabilité ; parfois, il n'est pas, à strictement parler, assorti de sanction, mais prive l'auteur de l'acte d'un avantage, comme celui de voir expirer rapidement le délai pendant lequel son acte peut être contesté. Le plus souvent, la volonté légalement exprimée engage celui qui a ainsi manifesté sa décision ; il arrive parfois que la loi laisse la faculté de revenir sur son intention initiale.

Lorsque l'objectif poursuivi est d'organiser la gestion des biens (ou plus généralement des intérêts) d'une personne ou de plusieurs personnes, toutes les combinaisons sont *a priori* envisageables. La gestion par un seul fut à la mode ; l'époque actuelle pencherait plutôt vers la cogestion qui peut être égalitaire, hiérarchisée ou encore égalitaire pour partie et hiérarchisée pour partie selon la gravité des actes à accomplir. Il est encore possible de prévoir que chacun pourra agir au nom de tous. Dans toutes ces hypothèses, les difficultés seront levées par intervention du juge ; il pourra autoriser une personne à accomplir seule un acte qui demandait l'accord de l'autre ou habiliter une personne à en remplacer une autre, quitte à réintervenir ponctuellement pour autoriser certains actes plus lourds de conséquences. Le juge peut aussi imposer le respect de la pratique antérieurement suivie par ceux qui ne parviennent pas à s'accorder sur une décision nouvelle. A l'inverse, il peut procéder par interdiction.

Enfin, le législateur veut parfois contraindre. Le droit civil est assez peu enclin à l'emploi de pressions directes. Les menaces de condamnation pécuniaire (une certaine somme par jour de retard : astreinte ; remboursement des frais de réalisation d'un travail qu'on s'était engagé à accomplir) sont plus volontiers utilisées. Encore ne faut-il pas minimiser l'importance des procédures de saisie ou d'expulsion ! Le manquement à une obligation, quelle qu'en soit d'ailleurs l'origine, est aussi une faute qui oblige son auteur à en réparer les conséquences dommageables pour autrui. De plus, dans les contrats qui comportent des obligations réciproques des deux parties, l'inexécution de ses obligations par l'une permet à l'autre d'être libérée de son propre engagement. C'est une menace efficace, mais le législateur multiplie les précautions pour éviter un recours systématique à ce remède bien radical.

Ce tableau sommaire et incomplet des techniques civiles montre leur variété. Elles ne sont pas en nombre illimité, mais leur combinaison permet de répondre à tous les besoins de la pratique. La richesse du droit civil français, c'est aussi cette multitude de procédés disponibles pour organiser les rapports des hommes entre eux.

Chapitre II

L'ÉTUDE DU DROIT CIVIL FRANÇAIS

Ce serait une erreur de croire que les activités de ceux qui étudient le droit civil ont seulement de l'importance pour eux-mêmes. La réflexion sur les lois et sur les décisions de justice est évidemment distincte de l'élaboration de ces lois et décisions. Opposer étude et élaboration du droit comme théorie et pratique rendrait pourtant mal compte de la réalité. Les démarches suivies dans l'examen du droit exercent une puissante influence sur son contenu. C'est un trait dominant de la doctrine civiliste française que d'estomper cet aspect de la genèse du droit ; une de ses tentations est de se croire, de se faire croire, dépourvue de tout pouvoir et, par conséquent, peut-être aussi de responsabilité. Il ne suffit pourtant pas de citer les noms des quelques grands auteurs qui ont participé activement à l'élaboration de certaines lois pour rendre compte de la place de la doctrine. Théories et pratiques doctrinales ne sont nullement étrangères ni à l'évolution du droit, ni à sa détermination.

I. — **Théories doctrinales**

La tendance du début de ce siècle était de différencier les théories doctrinales par l'objet qu'elles assignaient à l'étude du droit. La méthode mise en œuvre est pourtant un critère beaucoup plus pertinent.

La distinction majeure semblait passer entre les civilistes qui privilégiaient l'étude de la loi, c'est-à-dire du Code civil, et ceux qui tenaient le plus grand compte des décisions de justice, de la jurisprudence. Les premiers se prévalaient de l'autorité du législateur, seul habilité à exprimer la volonté générale souveraine. Les autres se targuaient de leur réalisme ; ils observaient que la loi n'est qu'une volonté dont l'application, les conséquences réelles, dépendent des jugements et arrêts. Il est vrai que les civilistes du XIXe siècle firent le plus grand cas des dispositions du Code civil qu'ils analysaient, commentaient et interprétaient à loisir. Il est faux de les considérer seulement comme des exégètes, lecteurs du seul Code, asservis à sa lettre. En premier lieu, ils s'intéressaient à la jurisprudence, comme à l'histoire et même, plus tardivement, aux droits des autres pays. En second lieu, ils ne voyaient dans le Code civil que le reflet présumé d'un droit parfaitement conforme, dans les circonstances économiques et sociales de l'époque, aux exigences de la nature humaine. C'est dire qu'ils n'avaient aucun scrupule à en éprouver la justice, à se poser en juges du législateur et à interpréter librement son œuvre dans le sens le plus juste possible. Ce qui est vrai, c'est que pour tout juriste, la disposition légale a une grande importance. Adoptée en général après réflexion et discussions, elle présente le double avantage de la généralité et de la prévisibilité. Outre qu'elle peut contribuer à la découverte d'une certaine cohérence, elle remplit l'une des conditions pour arriver à une certaine forme de justice et qui est l'impartialité ; elle s'applique également à tous les cas semblables parce qu'elle est conçue pour régir l'infinité des espèces qui correspondent à la définition de son domaine. Elle tend aussi au respect de la liberté individuelle puisqu'elle indique, par avance, l'attitude qu'il faut avoir pour en éviter les foudres.

Il est vrai également que les civilistes français du XXe siècle se sont passionnés pour l'étude des décisions de justice, au moment où certaines d'entre elles revêtaient une importance toute particulière (cf. *supra*, la période prétorienne, mais il ne s'agissait que d'une dizaine d'arrêts sur plusieurs milliers). Certains d'entre eux ont pris goût à collectionner les références de jugements et d'arrêts. Ils ont parfois pris plaisir à se livrer à des batailles de décisions. Ils se sont ainsi rapprochés des juristes anglais pour lesquels le précédent, la décision antérieurement rendue dans des circonstances semblables, a valeur obligatoire. C'est devenu un réflexe commun, parmi les juristes français aussi, que de clore une discussion ou un raisonnement en citant le dernier arrêt de la Cour de cassation ou de renoncer à conclure faute de jurisprudence établie. Il faudrait pourtant savoir se défaire de ce que ces habitudes peuvent avoir d'excessif. L'exemple anglais est ici dénué de pertinence, ne serait-ce qu'en raison des différences de présentation des jugements dont la motivation est beaucoup plus développée dans les pays où joue la règle du précédent. Il est certain que la lecture des décisions de justice est utile ; elle fournit des cas, des espèces, c'est-à-dire des questions et des difficultés que le droit a pour mission de résoudre. Il est non moins certain que les solutions données par les tribunaux sont d'intéressantes indications pour le civiliste. Quelle que soit la valeur des arguments qu'il peut imaginer, il ne peut se permettre d'ignorer que, si procès il y a, sa position ne l'emportera probablement pas, du moins pas devant les juridictions supérieures, du moins, pas « en l'état actuel de la jurisprudence ». Encore ne doit-il pas oublier que toutes les difficultés d'ordre juridique ne finissent pas devant les tribunaux!

C'est dire que les juristes « légalistes » et les juristes « jurisprudentialistes » ont, les uns et les autres, en partie raison. L'étude du droit civil, c'est l'examen des lois, des décisions de justice, de bien d'autres éléments encore. La véritable opposition entre les civilistes est ailleurs : elle tient, non à ce qu'ils étudient, mais à la façon dont ils l'étudient. Certains d'entre eux examinent règles ou décisions comme constituant un droit posé — ce sont les positivistes. Selon eux, les lois et les jugements donnent un droit achevé, directement applicable, ayant comme tel valeur obligatoire, et qu'il s'agit de constater. Ils recherchent donc la volonté exprimée par telle ou telle autorité et s'y rallient parce qu'elle est la volonté de l'autorité habilitée. D'autres civilistes s'intéressent moins aux sources du droit qu'au raisonnement qui conduit de ces sources au droit. Le juriste n'est pas un chercheur de décisions. Ce qu'il recherche, ce sont des raisons, raisons de décider en tel ou tel sens *(ratio decidendi)*, raison d'être des dispositions légales *(ratio legis)*. Il importe de ne pas se tromper dans la détermination des arguments à retenir. Ceux qui étudient la *ratio juris,* la raison des solutions de droit, savent qu'il ne faut pas restreindre le champ des investigations. Ils ne peuvent que se réjouir du développement des sciences utilisées comme auxiliaires du droit (sociologie, histoire, économie, démographie...). L'enrichissement de la démarche juridique par l'observation des conditions sociales d'application du droit, la connaissance des droits étrangers (droit comparé) ne peuvent que compléter utilement la réflexion plus traditionnelle sur le droit. Ce sont autant d'occasions qui s'ajoutent à celles offertes par la morale notamment, de découvrir de meilleures solutions, de parer à telle ou telle difficulté. Ce sont autant de réserves d'imagination et d'intuition dont le civiliste ne peut se priver.

Le savoir des juristes se compose par sédimentation. Dans chaque mot qu'ils utilisent, se déposent maintes significations différentes découvertes au fur et à mesure des expériences vécues dans l'exercice de leurs fonctions. C'est pourquoi le juriste ne peut ignorer les enseignements de l'histoire ; il ne doit pas croire que « le passé historique a été erreur, que le présent est vérité » (G. Ripert, *Les forces créatrices du droit*, Paris, LGDJ, 1955, p. 43-44). Toujours, il conserve dans son vocabulaire d'aujourd'hui quelque chose d'autrefois. Se demande-t-il quel est le sens d'une loi ? Il lui faut comprendre son destin : « La règle a peut-être été reçue avec peine et critiquée dès qu'elle s'est appliquée. Puis l'apaisement s'est fait... On a eu vite fait d'en oublier les véritables motifs ; l'imagination des interprètes et l'exigence de la raison lui en ont donné d'autres qui ne sont pas les vrais mais passent pour tels » (même ouvrage, p. 21-22). Plus généralement, chaque mot du langage juridique se charge de sens multiples, éventuellement contradictoires, dont chacun exerce simultanément, à chaque nouvel usage, une influence imprévisible et insoupçonnée.

II. — Pratiques doctrinales

Parmi les diverses démarches doctrinales, la plus traditionnelle, la plus conforme à l'esprit du droit français, celle aussi qui peut s'enorgueillir des plus beaux succès est la méthode mise en honneur par les meilleurs commentateurs du Code civil. La recherche des raisons de décider les conduisait à entrer systématiquement en controverse. Il est extrêmement révélateur qu'aujourd'hui, certains auteurs confondent controverse et empoignade, courtoisie et théorie, tandis qu'aux Etats-Unis, par exemple, le débat est largement ouvert en permanence entre les juristes.

La méthode des controversistes part du postulat que, sur toute question de droit, plusieurs opinions peuvent être légitimement soutenues. Lorsqu'il y a un litige véritable à trancher, il faut bien que l'une des deux opinions l'emporte ; mais cette victoire ne se justifie que par les nécessités de l'action et elle est toute provisoire. Il n'est possible de décrire, de manière générale, l'état du droit qu'en envisageant toutes les thèses qui peuvent être émises et tous les arguments en faveur de l'une ou de l'autre. Ainsi la découverte des solutions à appliquer dans les procès à venir sera-t-elle effectivement facilitée ! La recherche du juste dans chaque espèce ne peut jamais être qu'un compromis imparfait entre de multiples considérations. L'important, faute de pouvoir toujours les concilier, est au moins de n'en pas oublier. La méthode des controversistes s'y efforce en ne négligeant aucun argument, en n'en privilégiant aucun par principe systématique. La recherche du juste est une tâche trop ardue pour que quiconque puisse prétendre y parvenir en toutes hypothèses. Ni la loi, ni les décisions de justice ne peuvent fournir un guide infaillible de justice ; à le supposer bon, ce guide ne peut jamais être suivi comme tel sans un effort d'adaptation. Il s'apparente au guide de haute montagne qui indique le but, les passages et les dangers, mais ne place pas les pieds et les mains du grimpeur ; il n'a rien des rails du chemin de fer.

Le compromis est d'autant plus délicat entre toutes les considérations à retenir qu'en toutes hypothèses le même dilemme se retrouve. Il en est ainsi parce que le propre de la solution de droit est de se transformer en règle, d'être généralisable ; ce qui a été décidé dans un cas servira inévitablement d'argument dans un cas semblable, opposé ou comparable. Cette caractéristique est si importante que, sur elle, est fondée l'organisation judiciaire. Dans tout procès, l'appréciation des éléments de fait — il est prouvé que telle personne s'est comportée ainsi... — est soumise seulement à des juridictions qui sont réparties sur tout le territoire national ; il n'est pas fondamentalement nécessaire que sur ces points, toujours différents d'une espèce à l'autre, leurs positions soient unifiées. En revanche, sur tous les éléments de droit qui sont généralisables, qui peuvent être comparés, voire reportés d'une espèce à l'autre, un contrôle supérieur est effectué par une juridiction unique ; c'est la Cour de cassation qui a pour vocation d'éviter les divergences de jurisprudence. Ce caractère généralisable donne, à toute décision de droit, une double signification. Il y a le droit qu'elle dit en l'espèce et le droit qu'elle annonce pour les espèces futures. Elle est, d'abord, la solution d'un problème bien concret et délimité, déjà constitué, la réponse singulière à une question particulière qui ne se reposera jamais exactement dans les mêmes termes ; seuls les juristes qui font nécessairement abstraction de beaucoup des circonstances concrètes pourront croire et devront admettre que la nouvelle espèce est la même que la précédente. La décision de droit est, ensuite, l'aboutissement d'un raisonnement qui pourra toujours resservir et être utilisé comme modèle plus ou moins transposable. Il y a donc toujours et pour toute décision un effet pour l'avenir, par exemple et en simplifiant abusivement, un effet d'incitation ou de dissuasion. C'est la nécessité de concilier les exigences de chacune des deux significations de la décision qui complique la tâche du juriste et spécialement du civiliste. Il importe peu que ces deux significations n'aient pas la même nature. La première est, à la fois, technique et radicale puisqu'en l'espèce jugée la décision pourra être amenée à exécution par la contrainte dont l'Etat a le monopole. Pour les espèces à venir, en revanche, la décision n'est guère plus qu'une opinion parmi d'autres ; sa seule force est de bénéficier, le plus souvent, d'un phénomène d'imitation par les auteurs des décisions ultérieures. La véritable difficulté vient de ce que, très souvent, la solution la meilleure en l'espèce comporte des inconvénients pour l'avenir. Ce qui est bon à juger est souvent néfaste à annoncer.

Toute la particularité du raisonnement juridique est justement d'affronter sans cesse cette difficulté ; il y a à choisir entre la justice d'une solution concrètement appliquée à deux personnes se trouvant dans une situation donnée, et la justice plus abstraite qui s'attache aux retombées à venir de la décision prise et qui se préoccupe donc de pédagogie juridique et sociale. Entre le droit qui se dit et le droit qui s'annonce, lequel préférer ? Seule une démarche dialogique permet de répondre.

DEUXIÈME PARTIE

LES CITOYENS ET LE DROIT CIVIL

Pour le citoyen, qu'est-ce que le droit civil ? C'est sans doute un certain nombre de règles contraignantes qui interdisent ceci, qui obligent à cela ou qui exigent l'accomplissement de formalités embarrassantes, longues et coûteuses. Qu'il songe à la naissance, à la mort, au mariage, aux contrats ou aux accidents, le citoyen associe probablement l'idée du droit civil à celle de difficultés, de complications inutiles. Et pourtant il sait aussi qu'en cas de conflit c'est le droit civil qui attribuera à chacun le sien, qui dira le juste.

Pour y parvenir, le droit civil use assurément de formalités, de principes, de règles... ; mais les uns et les autres ne peuvent être mis en œuvre que par l'intermédiaire de qualifications. Qualifier, en droit, ce n'est pas dénommer, apposer une étiquette. Qualifier, c'est reconnaître à une personne, une chose ou un acte, une qualité, caractéristique de sa nature juridique, qui en justifie le classement dans une catégorie définie et déclenche, par là même, l'application d'un régime juridique approprié. Il en résulte que la première vertu d'une qualification juridique n'est pas le réalisme ; peu importe qu'une colombe ou un lapin soit traité comme des immeubles, si le régime juridique des immeubles provoque l'application, à ces biens, de règles plus opportunes ou plus justes. Examiner les différents aspects civils de la vie des Français, c'est évoquer un certain nombre de qualifications dont la valeur se mesure uniquement à l'aune de leurs conséquences.

Chapitre Premier

PERSONNES ET FAMILLE

« Lorsque l'enfant paraît,
le cercle de famille
applaudit à grands cris. »

(V. Hugo, *Feuilles d'automne*, XIX)

Le droit civil pourrait sembler s'intéresser davantage aux choses qu'aux personnes, à l'argent qu'aux sentiments. En réalité, il n'ignore pas les personnes en tant que telles. Un être humain est, pour le droit, un pôle d'intérêts divers et non exclusivement pécuniaires.

En droit civil, un être humain ne se conçoit pas sans un patrimoine. Cela ne veut pas dire que les juristes croient tous les Français dotés d'une fortune ou qu'ils ne s'intéressent qu'aux Français fortunés. Cela veut dire que tout sujet de droit peut avoir des droits — c'est l'actif du patrimoine — et être tenu par des obligations — c'est le passif du patrimoine. Cela veut dire surtout que tout l'actif répond en principe de tout le passif. L'intérêt de cette définition du patrimoine systématisée par Aubry et Rau est de s'assurer du paiement des dettes sans se saisir de la personne elle-même. Dès lors que tous ses gains à venir répondront de ses dettes envers ses créanciers, le mieux est de la laisser continuer son activité normale ; peu importe qu'elle soit actuellement sans fortune ! Ses espérances suffisent.

Mais, pour le droit civil, un être humain est aussi une personne au sens le plus haut du terme, une personne qui vit et meurt, qui se marie et fonde une famille.

I. — La personne humaine

Qu'il y ait une notion civile de la personne humaine, c'est ce dont nul ne semble douter. Le droit civil se préoccupe des êtres humains à chaque moment de leur vie. En son sein, se rassemblent des règles qui permettent à l'enfant conçu mais non encore né de recevoir des donations, des règles relatives à la réparation du dommage causé par un enfant en bas âge, des règles qui protègent matériellement et moralement l'enfant mineur ou le malade mental, des règles encore qui veillent au respect de la volonté des défunts, des règles enfin qui tentent d'éviter que des tiers ne portent atteinte soit à l'honneur, soit à l'intimité, soit à l'intégrité physique des uns ou des autres.

Le droit civil des personnes paraît pourtant moins développé que celui de la famille ou des contrats. C'est peut-être d'abord parce que son efficacité est assez faible dans certains domaines ; pour lutter contre les agissements les plus néfastes, le droit pénal est mieux armé. Ensuite, les règles civiles semblent avoir surtout vocation à protéger la fortune de quelques rares mineurs et d'une infime minorité de malades mentaux. Combien de personnes se passeront toute leur vie du droit civil des personnes ? Enfin, les lois dont il s'agit paraissent rebelles à ce raisonnement particulier que suppose, dans chaque espèce, la recherche de la solution juste. La disposition qui fixe l'âge de la majorité, celle qui détermine la composition du conseil de famille semblent ne pas pouvoir laisser place à l'interprétation. Ces règles d'habilitation ou d'organisation sont de celles qu'un tableau suffit à présenter. En définitive, le droit civil des personnes serait d'une importance, voire d'un intérêt bien limités.

Pour chasser cette impression, il suffit d'observer combien leur statut civil importe aux citoyens, combien la matière est politique. Le droit civil contribue à déterminer ceux qui sont traités comme des citoyens à part entière. En précisant dans quelles conditions un adulte peut être déchargé de la gestion de ses biens, il évite que le sort des malades mentaux ne soit infligé à des individus en bonne santé, mais par exemple politiquement indésirables. C'est le droit civil qui nous rend juges et maîtres de nos propres intérêts, responsables de nos actes. En nous désignant par un nom, en nous localisant par le domicile, il facilite notre identification et nous empêche d'échapper aux conséquences de nos agissements. Enfin, le droit civil accorde ou refuse sa protection ; et les intérêts qu'il ne tient pas pour légitimes peuvent être impunément bafoués par quiconque.

Plus généralement, définir les personnes c'est choisir une société. Tenir les citoyens pour aptes à défendre leurs intérêts, engagés par leur parole et responsables de leurs fautes, c'était le pari du législateur du XIXe siècle ; il n'est évidemment pas indifférent que le droit civil de la fin du XXe siècle parte de l'hypothèse inverse. En tant que consommateurs notamment, les citoyens français, supposés faibles et influençables, sont placés sous un régime juridique qui paraissait autrefois réservé aux simples d'esprit. Ce qui est vrai, c'est que dans l'ensemble le droit des personnes n'est pas principalement voué à fournir des moyens d'agir, des techniques juridiques permettant d'aboutir à tel ou tel résultat choisi par les particuliers. S'il facilite le commerce juridique en fixant des règles d'identification ou, plus nettement encore, en assurant la gestion des biens d'une personne inapte à se défendre, il n'offre pas une gamme de qualifications pratiques comparable à celle des contrats (vente, louage, entreprise...) ou des droits relatifs aux choses (propriété, usufruit, indivision...). L'idée d'un but concret délibérément poursuivi par les particuliers et dont il lui faudrait permettre la réalisation lui est assez généralement étrangère.

C'est pourquoi, il y a contresens à prétendre que « le renvoi à un statut de la personne humaine où l'homme s'appréhende lui-même comme objet (marchandise), ne peut se comprendre que dans un mode de production donné, qui repose sur la Forme générale de la marchandise » (B. Edelman, « Esquisse d'une théorie du sujet : l'homme et son image », *DS*, 1970, Chr. XXVI, p. 119 à 122, conclusion). Le statut juridique de la personne n'est certainement pas principalement celui d'un objet. S'il y a des pratiques commerciales portant sur l'image (photographies publicitaires...), le nom (utilisation comme marque d'un produit...), le droit civil ne favorise en rien leur développement ; il les permet conformément à un principe de liberté qui conduit à n'interdire les comportements qu'au vu de leurs méfaits avérés. La personne que le droit civil appréhende, c'est bien une valeur fondamentale, une réalité d'un autre ordre. Il serait faux de croire que le droit civil confond ici rentabilité et dignité, marché et liberté. Le premier livre du Code civil est consacré aux personnes, non pour en faire des entités abstraites, irréelles et monnayables, mais pour les reconnaître comme des êtres de chair et de sang, de cœur et d'intelligence, de volonté et de responsabilité. Ce qui est vrai, c'est que ces règles ont des fonctions très variées et que chacune d'entre elles conduit à envisager la personne de façon différente ; par conséquent, plutôt que de rechercher dans le droit civil une définition descriptive de tous les aspects de la personne humaine, il vaut mieux s'attendre à y trouver plusieurs définitions fonctionnelles (conçues en fonction des services qu'elles ont à rendre). Ainsi, l'enfant non encore conçu qu'un couple aura peut-être un jour, la dépouille mortelle ne sont pas totalement étrangers au droit des personnes, mais ils ne sont évidemment pas traités comme ces personnes que sont l'enfant conçu ou le vieillard.

1. **Définition des personnes physiques.** — Tout membre de l'espèce humaine est une personne physique, selon la terminologie juridique traditionnelle. Le droit n'a pas ici vocation à construire un concept ; il ne peut que constater une réalité. Du moins en serait-il systématiquement ainsi si la personne humaine était seulement une réalité biologique ; elle est aussi une réalité sociale et, dans cet ordre-là, la participation du droit à la définition de la personne est nécessairement plus importante.

Du point de vue biologique, les choses sont simples. La personne existe dès lors et tant que sont réunies les caractéristiques auxquelles se reconnaît l'être humain. Il faut dénier au législateur, comme aux juges, le pouvoir de dire « qui n'est pas Homme » (R. Debray, *Le pouvoir intellectuel en France*, Ed. Ramsay, 1979, p. 110). Depuis la conception jusqu'à la mort, il y a une personne humaine ; cette affirmation vaut sans distinction d'âge, d'état de santé, de race, de sexe... Aucune règle de droit civil n'apporte d'exception au principe selon lequel « la loi garantit le respect de tout être humain dès le commencement de la vie » (art. 1er, loi du 17 janvier 1975 relative à l'interruption volontaire de la grossesse : la légalisation de cette pratique n'a eu aucune incidence sur le droit civil). Quant à la mort, il suffit en général d'un certificat médical pour la constater. Lorsqu'il y a risque d'erreur désastreuse, un constat de deux médecins « fondé sur des preuves concordantes cliniques et paracliniques permettant aux praticiens de conclure à la mort du sujet » (décret du 31 mars 1978 pris pour l'application de la loi du 22 décembre 1976 relative aux prélèvements d'organes) est nécessaire.

Du point de vue social, la personne humaine se définit de manière un peu plus complexe. A la nature biologique, s'ajoutent un certain nombre d'éléments qui situent la personne et facilitent ses rapports avec autrui : nom, domicile. L'état civil rassemble toutes les informations relatives à chaque personne (date et lieu de naissance, de mariage...) afin d'en permettre l'identification. Si le résultat est de permettre à l'individu de vivre en société, le moyen mis en œuvre est le rattachement familial. Quoi de plus naturel que de voir cette réalité-là compléter la réalité biologique? « Le petit homme presque inerte, qui périrait s'il affrontait la nature brute, est reçu dans l'enceinte d'une autre nature empressée, clémente et humaine : il ne vit que parce qu'il en est le petit citoyen » (Ch. Maurras, *Mes idées politiques*, Fayard, 1937, Albatros, 1983, p. 1).

Les modes de désignation des personnes font très largement appel à l'appartenance familiale. Ou bien elle est très directement prise en compte par la loi ; ou bien c'est elle qui détermine les personnes aptes à choisir une dénomination. Le premier procédé est utilisé pour le nom et le second pour les prénoms. Si les père et mère de l'enfant — qui est alors dit légitime — sont mariés, le nom est celui du père. Dans l'hypothèse inverse, l'enfant dit naturel porte le nom de celui de ses deux parents à l'égard duquel sa filiation est établie, la mère le plus souvent ; si la filiation est ultérieurement établie à l'égard de l'autre parent, ce rattachement nouveau ne suffira pas, de lui-même, à influencer le nom de l'enfant. Une déclaration conjointe des parents devant le juge serait requise, par exemple, pour donner à l'enfant le nom de son père qui l'aurait reconnu en second. Au contraire, lorsque ses père et mère le reconnaissent simultanément, l'enfant naturel se voit attribuer automatiquement le nom de son père comme si ses parents étaient mariés ; cette solution-là pourrait étonner pour des couples supposés non conformistes et à une époque où l'égalité entre homme et femme est présentée comme un idéal ; le but est d'éviter que l'enfant naturel n'apparaisse comme tel et ne soit victime d'un certain opprobre. Par là se vérifie que la loi a changé plus vite que les mœurs ; de plus, établie pour accorder un bénéfice à l'enfant, cette règle est surtout perçue comme une de celles qui alignent le statut des concubins sur celui des conjoints et rendent le mariage « inutile ». C'est seulement à défaut de tout rattachement familial, pour un enfant dont la parenté maternelle et paternelle n'est pas juridiquement établie, qu'un nom est choisi par l'autorité administrative. De même, celle-ci intervient-elle en cas de demande de changement de nom ; l'autorisation n'est donnée qu'au terme d'une procédure longue et hasardeuse supposant notamment un décret pris après avis du Conseil d'Etat.

Ici se manifeste le recul d'un principe fondamental ! Les Français sont libres de porter le nom de leur choix dans la mesure où ils n'en usent ni pour se soustraire à leurs obligations, ni pour causer préjudice à autrui. Pour l'avoir oublié, le législateur a cru nécessaire d'autoriser l'usage — sans possibilité de transmission à ses descendants — du nom de sa mère (de son grand-père maternel) dans la famille légitime par exemple.

L'appartenance familiale semble jouer un rôle bien moindre dans la détermination du domicile. Ce lieu auquel la personne est réputée pouvoir être atteinte pour l'accomplissement de diverses formalités est, en principe, librement choisi, à tout moment, par chacun. Il suffit de s'installer effectivement dans un endroit avec l'intention de s'y fixer. Toutefois, les mineurs sont domiciliés chez leurs parents et le domicile est ainsi le point de ralliement d'une famille. Jusqu'en 1975, la femme mariée avait pour domicile celui de son mari ; désormais, « le mari et la femme peuvent avoir un domicile distinct » (art. 108, C. civ.). Cette règle était surtout destinée à faciliter la vie professionnelle de certaines femmes ; mais elle a été complétée par la suppression de toute solution de remplacement en cas de désaccord des époux sur le choix de la résidence de la famille. La mode individualiste l'a ici emporté sur la réalité familiale ; plus précisément, la volonté de consacrer une égalité toute formelle entre hommes et femmes a pris le pas sur la reconnaissance de l'unité conjugale. Sans paradoxe, le déclin de celle-ci est favorisé par la loi à l'époque où le couple non marié est, au contraire, traité comme une réalité, comme une entité dont la cohésion doit être respectée. C'est une nouvelle occasion de vérifier qu'il ne faut pas opposer les conquêtes du principe d'égalité et l'avènement d'une société de tolérance où l'individualisme est roi ; l'un et l'autre vont de pair.

Tous les procédés d'identification des personnes connaissent un régime comparable. Il s'agit, en premier lieu, d'éviter qu'un individu ne parvienne à se soustraire à ses obligations ; il serait tentant de se prétendre étranger à telle convention ou à tel acte de procédure au prétexte que l'un ou l'autre aurait été adressé à un nom ou à un domicile différent du sien. Nom, domicile requièrent donc une certaine stabilité et leur régime comporte inévitablement une part de contrainte (obligation d'utiliser son nom, au moins dans certains cas). Il s'agit, en second lieu, d'éviter que quiconque ne pâtisse du lien établi entre sa personne et son nom ou son image, voire l'image de sa maison. Celui qui porte atteinte à la réputation de quelqu'un en utilisant ces divers reflets de sa personnalité commet une faute et doit réparer le préjudice causé. Cette protection des personnes doit seulement être conciliée avec les exigences de certaines professions (journaliste, historien, romancier...). Des directives qui pouvaient paraître relever de la moralité professionnelle tendent à être invoquées devant les tribunaux.

Les rapports sociaux dans lesquels toute personne intervient nécessairement conduisent enfin à tenir pour décédés ceux qui ont disparu dans des circonstances de nature à mettre leur vie en danger et ceux dont la survie est incertaine depuis trop longtemps.

2. **Activité des personnes physiques.** — Le principe — qui est un principe de liberté — est celui de la possibilité d'agir reconnue à tous. Plus précisément, tout être humain est doté d'une volonté juridiquement efficace ; il peut s'engager, se rendre débiteur, se lier. Son accord donné à une offre de contrat le forme définitivement et sa faute le rend responsable. Sur les deux points, le principe a reculé. La politique de protection du consommateur a multiplié les échappatoires qui permettent de revenir sur la parole donnée. L'évolution du droit de la responsabilité civile a provoqué une dissociation de la responsabilité et de la faute ; celui qui n'a pas commis de faute peut être obligé à réparer un dommage et la faute commise

par la victime d'un accident de la circulation peut être tenue pour indifférente. Par contrecoup, la situation de ceux dont la loi réduit l'autonomie apparaît moins étrange.

Les uns se voient interdire d'accomplir certains actes qui leur offriraient une trop belle occasion d'abuser de leur situation : les médecins ne peuvent recevoir de donations d'une personne qu'ils traitent pendant la maladie dont elle meurt. D'autres sont protégés contre leur faiblesse et contre leur inexpérience que leur âge suffit à établir : les mineurs, c'est-à-dire les individus de moins de dix-huit ans, ne peuvent être liés par leur parole en toutes hypothèses, sauf s'ils ont fait l'objet d'une procédure d'émancipation — qui n'est d'ailleurs possible que dans la dernière période de la minorité. Enfin les malades mentaux bénéficient d'un régime analogue, mais il ne leur est accordé qu'après vérification particulière de leur état de santé. Mineurs ou malades mentaux ont des possibilités d'agir juridiquement restreintes. Encore faut-il mettre de côté leur situation au regard de la responsabilité civile : « Celui qui a causé un dommage à autrui, alors qu'il était sous l'empire d'un trouble mental, n'en est pas moins obligé à réparation » (art. 489-2, C. civ.). La seule question qui demeure est celle du très jeune enfant qui cause un dommage : peut-il lui aussi être déclaré responsable ? La faveur systématique pour les victimes tend à imposer la réponse affirmative. Quant aux engagements conventionnels, mineurs et majeurs peuvent en obtenir l'annulation judiciaire, c'est-à-dire être dispensés de les respecter, dès lors qu'un préjudice en résulte pour eux. De plus, « l'existence d'un trouble mental au moment de l'acte » est une cause de nullité. En revanche, certains actes peuvent être valablement accomplis par les mineurs et par les malades mentaux ; pour les premiers, tout dépend des habitudes de chaque époque et de leur précocité ; pour les seconds, la décision judiciaire qui constate leur état peut leur laisser une certaine autonomie.

Les uns et les autres peuvent avoir des biens dont il faut organiser la gestion. Pour les mineurs et pour les malades les plus gravement atteints, le procédé employé est celui de la représentation ; une personne désignée agit à la place de celui qui en est incapable et qui subira directement les conséquences des actes passés en son nom. Le père, le tuteur peuvent conclure seuls les contrats nécessaires s'ils ne comportent pas trop de risques ; dans les cas où la décision à prendre est particulièrement importante (vente d'un bien de grande valeur, par exemple), le représentant doit obtenir l'accord d'une autre personne, du conseil de famille ou du juge. Pour les malades mentaux qui ont simplement besoin d'être conseillés, un curateur est désigné sans l'assistance duquel ils ne peuvent accomplir valablement aucun acte trop lourd de conséquences.

Ainsi se trouve assurée la protection du patrimoine des personnes les plus vulnérables. La particularité de ce droit civil des incapacités est son extrême diversité. En multipliant les modalités et les variantes, le législateur espère tenir mieux compte de la diversité des situations concrètes. Ainsi le choix du régime applicable à un malade mental repose-t-il sur une collaboration entre le juge qui décide et le médecin qui le conseille et l'informe sur l'état de santé actuel de l'intéressé et sur son évolution prévisible. Chaque progrès de la maladie ou de son traitement peut donc se répercuter sur l'autonomie reconnue au malade par le droit, de même qu'en grandissant le mineur voit s'allonger la liste des actes qu'il est habilité par l'usage à accomplir seul.

3. **Protection des personnes physiques.** — S'il s'intéresse principalement aux valeurs pécuniaires, le droit civil n'ignore pas les intérêts plus personnels. Il protège, d'abord, le corps en le soustrayant au régime des choses.

Non seulement il exclut toute contrainte corporelle directe — un juge ne peut, par exemple, ordonner une analyse, voire un traitement —, mais il protège chacun contre lui-même. Nul ne peut s'engager irrévocablement à donner l'un de ses organes ; la loi permet toujours de revenir sur un tel consentement, de même qu'elle prohibe les prélèvements effectués sur les personnes vivantes à des fins non thérapeutiques. De même, nul n'est maître de décider qu'un enfant peut être « produit » par une femme pour une autre. Il est notable que de faux remèdes réclament aujourd'hui la consécration de la loi, faute de pouvoir obtenir celle de la nature, de la réalité.

Le droit civil protège ensuite l'honneur des personnes et leur vie privée ; celui qui porte atteinte à l'un ou à l'autre doit réparer le préjudice ainsi causé. Engage également sa responsabilité celui qui cause un dommage excessif à une personne, en utilisant son nom, son image ou sa voix. Ces règles doivent toutefois être conciliées avec les exigences de la liberté d'expression des journalistes et écrivains, notamment pour éviter certains abus ; la protection civile peut, ici comme ailleurs, être monnayée ou être utilisée à des fins de lancement publicitaire par certains artistes notamment.

II. — Mariage, divorce

Le régime juridique de l'union conjugale est complexe. Il s'efforce de faire la part des individus, de la communauté qu'ils forment, mais aussi celle de l'Etat et encore celle de la religion. La question du mariage est directement fonction des rapports entre l'Etat et les Eglises. La conception catholique du mariage, sacrement qui donne toute sa force à la volonté des époux, a inspiré le droit français pendant des siècles. Les progrès de la laïcité ont donné l'impression qu'une telle conception était devenue insoutenable. Il faut pourtant rappeler que l'Eglise eut le mérite de défendre les époux, leur volonté, contre leurs familles et leurs projets patrimoniaux. Par la suite, les autres confessions et les partisans de l'union libre se retrouvèrent pour combattre la sacralisation du mariage. A tout prendre, diverses considérations paraissent à retenir inévitablement. Dans le mariage, sont en jeu des sentiments ; ils peuvent être fugitifs. Vouloir fonder l'union des époux sur leur existence permanente, c'est sacrifier les plus faibles, les enfants, les malades notamment, qui pourront être abandonnés librement. D'où l'idée de raisonner, non sur des sentiments, mais sur des volontés. Ce qui forme le mariage, c'est la volonté de fonder un foyer ; c'est donc l'engagement pris envers l'autre de rester uni à lui pour soi, pour l'autre et pour les autres à venir. C'est parce que plusieurs intérêts qui peuvent devenir contradictoires, sinon opposés, sont en présence que l'Etat a vocation à intervenir. Enfin la religion peut difficilement être tenue à l'écart de la régulation morale de la sexualité et de la constitution familiale.

De là résultent un certain nombre de conditions

exigées pour que deux personnes puissent contracter mariage. Ces mêmes considérations ne peuvent être étrangères ni à la détermination des effets du mariage, ni surtout à l'aménagement des possibilités de rupture. La procréation qui entre dans les projets normaux des époux explique la plupart des exigences légales. La première est la différence des sexes. Il est clair que, même si une certaine démagogie incitera peut-être un jour à créer une imitation de mariage à l'intention des homosexuels, il ne pourra jamais y avoir entre eux de mariage au sens propre du terme. La deuxième condition est relative à l'âge des époux (dix-huit ans pour les hommes, quinze ans pour les femmes, sauf dispense). En revanche, la bonne santé des époux et plus spécialement l'aptitude à la procréation ne sont pas des conditions de validité du mariage ; le certificat médical prénuptial n'est pas communiqué au conjoint. Le même respect des libertés individuelles exclut les empêchements à mariage tirés de circonstances de nature à faire craindre des difficultés entre les époux ; peu importe, par exemple, que les différences d'origine sociale augmentent statistiquement les risques de désaccords. Constituent, au contraire, des empêchements à mariage la bigamie et l'inceste. Pour obtenir le respect des exigences légales, une procédure particulière est organisée ; le mariage étant annoncé à l'avance par la publication des bans et célébré publiquement, certaines catégories de personnes désignées par la loi (parents, conjoint antérieur...) peuvent faire opposition en révélant que le mariage n'est pas possible.

La condition essentielle demeure le consentement de chacun des époux. Pour sauvegarder leur liberté, ce consentement n'a de valeur que s'il est exprimé devant l'officier d'état civil. C'est pourquoi les engagements antérieurs, les fiançailles notamment, sur lesquels la pression des familles peut s'exercer aisément, n'engagent pas. Les fiançailles peuvent être rompues à tout moment ; non seulement la célébration du mariage ne peut être imposée, mais l'auteur de la rupture n'a à réparer le préjudice éventuellement causé que s'il a commis une faute particulière (brutalité, indélicatesse de la rupture...).

L'absence de l'une des conditions légales de formation de l'union conjugale permet au juge de prononcer la nullité du mariage. Cette sanction repose sur la constatation d'un défaut affectant sa formation et non sur la démonstration de difficultés survenues par la suite. Cette différence avec le divorce rend l'annulation judiciaire particulièrement importante dans les pays de tradition catholique où elle est seule admissible au regard de la religion. C'est pourquoi, jusqu'à la libéralisation du divorce par une loi de 1975, une vive discussion a opposé les auteurs sur le cas de nullité qui se rapprochait le plus d'un cas de divorce, celui de l'erreur commise par un époux sur la personne de l'autre. La confusion commise sur l'identité même du conjoint devait évidemment être considérée comme une cause de nullité ; en revanche, l'hésitation était permise dans l'hypothèse où l'erreur avait porté sur certaines qualités du conjoint (aptitude à la procréation, moralité...). A l'époque où le divorce paraissait devoir demeurer exceptionnel, la tendance générale était à la sévérité ; il semblait que la nullité risquait de devenir le moyen d'éliminer les obstacles au divorce c'est-à-dire de tourner la loi. La libéralisation du divorce a privé cette crainte de tout fondement ; désormais, l'erreur sur les qualités essentielles de son conjoint est une cause de nullité du mariage. Le contrôle ainsi exercé *a posteriori* sur la qualité du consentement donné par chaque époux sauvegarde leur liberté. Il n'est précédé d'un contrôle *a priori* que pour les mineurs qui doivent obtenir l'autorisation d'un de leurs parents au moins.

Le premier effet du mariage est la consécration de l'unité et de la stabilité du couple, élément d'une famille. L'unité est proclamée avec force : « Les époux assurent ensemble la direction morale et matérielle de la famille » (art. 213, C. civ.). Il est seulement regrettable que ce principe sans portée — chaque couple le vit à sa façon — ne soit assorti d'aucune mesure de crise ; le paradoxe est que le droit paraisse se taire au seul moment où il serait utile qu'il s'exprimât, lorsqu'un conflit surgit (voir toutefois art. 372-1, C. civ.). Quant à la stabilité du couple, elle est plus discrètement affirmée. L'indissolubilité du mariage semble un thème réactionnaire. Et pourtant, elle signifiait et continue de signifier une évidence : le droit n'a aucun remède à offrir en cas de difficultés entre époux. Il ne sait pas rompre les liens intimes que la vie commune a tissés successivement et imperceptiblement. Si l'un des époux doit le plus souvent compenser la disparité que le divorce engendre dans les conditions matérielles de vie, c'est bien qu'après la séparation juridiquement constatée, quelque chose du lien conjugal demeure. Le mariage se prolonge après divorce, comme après veuvage ; il tend à saisir toute la vie des époux. L'indissolubilité du mariage demeure le principe fondamental du droit français d'aujourd'hui. Elle est inscrite dans la nature humaine.

Le second effet du mariage est d'engendrer des devoirs pour les époux. En réalité, le droit s'intéresse moins à la fidélité des époux et à leurs relations sexuelles qu'à leur infidélité et à leur refus des rapports conjugaux ou à leurs abus. C'est la théorie qui fait découvrir, à l'envers de ces causes de divorce, des comportements imposés. Le notable est justement le recul de ces contraintes. L'adultère n'est plus un délit pénal — qualification qui en facilitait la constatation — et il ne provoque plus automatiquement le prononcé du divorce. Une fois encore, cette évolution a été justifiée par le souci d'égalité entre époux parce que les textes antérieurs étaient plus sévères pour la femme adultère que pour le mari infidèle. Il ne semble être venu à l'esprit de personne qu'il y avait deux directions pour corriger cette inégalité tout à fait critiquable. Qui disait que la revendication d'égalité ne pouvait être confondue avec le relâchement des mœurs consacré par la loi ? C'est d'individualisme qu'il s'agit, puisque les intérêts du conjoint et des enfants sont sacrifiés au caprice d'un seul. Le législateur a voulu donner le choix, à chacun, de la façon dont il vivrait son mariage. La même préoccupation explique le recul relatif du devoir de secours et d'assistance entre époux. Apparemment, le droit civil français comporte ici une contradiction manifeste. Il présente le conjoint comme le défenseur naturel de son époux atteint d'une maladie mentale (art. 498, C. civ., notamment) et il fait de la maladie mentale, dans certaines conditions, une cause de divorce. Une fois de plus, le choix est donné ; le conjoint du malade peut le soigner ou l'abandonner.

C'est assurément le régime juridique du divorce qui révèle surtout la conception législative du mariage. Jusqu'en 1975, le divorce ne pouvait être prononcé que pour faute de l'un des conjoints. Cette cause de divorce paraissait la plus respectueuse des exigences de la lutte contre la multiplication des mariages provisoires, voire éphémères. D'une part, la rupture du lien conjugal était une sanction ; d'autre part, le rôle du juge était primordial puisqu'il avait à apprécier la gravité de cette faute. La réforme de 1975 a tenu le plus grand compte des critiques qui avaient été adressées au droit antérieur. Elle a pris acte du refus des tribunaux d'exercer un véritable contrôle de la réalité des griefs invoqués à l'appui de la demande en divorce. Elle a renoncé à l'idée de sanction au prétexte qu'elle faisait du divorce une tragédie, comme si celle-ci ne résultait pas déjà des circonstances. Elle a prétendu éliminer l'hypocrisie des fausses lettres d'injure que les époux rédigeaient sous la dictée de leurs avocats. Le droit nouveau, après d'inévitables interventions politiciennes et démagogiques, n'a pas tardé à découvrir de nouveaux drames. Le merveilleux divorce par consentement mutuel a, par exemple, permis de tromper des mères qui avaient cru pouvoir conserver la garde de leurs enfants et avaient signé une convention en sens inverse sous le fallacieux prétexte d'une homologation judiciaire plus facile. Après l'hypocrisie des fausses lettres d'injure, voici celle des fausses conventions ; mais, la mode aidant, cette dernière paraît plus supportable malgré ses conséquences infiniment plus graves.

Le droit français actuel comporte cinq voies pour aboutir au divorce. Les époux peuvent soumettre au juge une convention par laquelle ils manifestent leur volonté de divorcer et règlent la situation qui résultera de leur séparation. Ils peuvent aussi se mettre d'accord sur le principe du divorce et les circonstances qui leur paraissent empêcher le maintien du lien conjugal ; c'est alors le tribunal qui déterminera les conséquences du divorce. Un époux peut encore obtenir le prononcé de cette mesure s'il prouve qu'il est séparé de son conjoint depuis six ans. Le même résultat peut être obtenu si l'interruption des relations normales entre les époux est due à la maladie mentale. Enfin, un époux peut faire constater, par le tribunal, des faits imputables à l'autre, constituant une violation grave ou renouvelée des devoirs et obligations du mariage et rendant intolérable le maintien de la vie commune.

L'idée qui a présidé à la réforme de 1975 est assurément qu'aucune règle de droit ne peut contraindre à vivre ensemble des époux qui ne le veulent plus. La question à poser est autre : faciliter le divorce, n'est-ce pas dissuader des conjoints qui n'en sont pas encore là de faire les efforts nécessaires à la survie de leur couple ? Est-il souhaitable de proclamer l'équivalence entre deux voies, celle du mariage stable et celle du mariage révocable, comme si les époux devaient avoir le libre choix entre elles ? D'aucuns ont été jusqu'à employer l'absurde expression de « droit au divorce ». Les auteurs de la réforme quant à eux ont dû raisonner d'autre façon : entre une incertaine action sur le nombre des divorces et une évidente influence sur le règlement de chaque conflit entre époux, ils ont préféré la seconde ; ceci d'autant plus que ce « désengagement législatif » laissera jouer d'autres freins au divorce (difficultés matérielles et liens affectifs subsistant ; présence des enfants ; pressions familiales...). C'est encore un certain individualisme qui s'en remet, à chacun, de ses choix fondamentaux et privilégie la commodité des individus considérés isolément sur la recherche d'une justice plus générale (celle de la prévention du divorce). Ce qu'il faut constater, c'est un apparent paradoxe ; à l'époque où toute l'évolution du droit patrimonial tend à la protection des plus faibles (consommateurs, victimes d'accidents...), la loi sur le divorce choisit la sévérité pour les plus vulnérables (malades, femmes d'un certain âge...). Surtout, elle semble croire et donne à penser que la volonté des époux est toute-puissante là où il y a des liens affectifs très difficiles à rompre et de multiples intérêts en cause. Il ne faut pas confondre avec une décision délibérée ce qui n'est souvent que l'aspiration à autre chose et le sentiment de ne plus pouvoir vivre ensemble.

Le prononcé du divorce libère les époux de leurs obligations réciproques. L'unité conjugale, la communauté de vie disparaissent avec l'obligation de fidélité (il n'en serait pas de même dans ce diminutif du divorce que constitue la séparation de corps, simple dispense de cohabitation pouvant être accordée dans les mêmes hypothèses que le divorce lui-même). Le devoir de secours peut survivre exceptionnellement à la rupture du lien conjugal ; il en est ainsi lorsque le divorce est prononcé après séparation de fait ou en cas de maladie mentale. Dans les autres hypothèses, un époux peut être tenu de verser à l'autre une prestation destinée à compenser la disparité que la séparation crée dans les conditions de vie respectives. Quant aux enfants, leur garde est attribuée à celui des parents qui paraît le mieux apte à s'en occuper ; les torts éventuels que cet époux pourrait avoir à l'égard de l'autre seraient indifférents. Celui des deux conjoints qui n'a pas la garde des enfants reçoit un droit de visite. Toutes ces conséquences du divorce sont précisées par le juge, sauf dans le cas où celui-ci est seulement chargé d'homologuer la convention conclue entre les époux. Il est étonnant que rien ne soit prévu pour réparer, dans la mesure du possible, le préjudice causé aux enfants ; le droit commun de la responsabilité n'est évidemment pas exclu.

III. — **Parents et enfants**

Pour la plupart des enfants, la détermination de leurs parents ne présente pas de difficultés. Les enfants dont les parents sont mariés peuvent très aisément prouver leur filiation par leur acte de naissance qui indique les noms de leurs père et mère ; le comportement de ceux-ci, qui traitent l'enfant comme leur, rend l'acte d'état civil incontestable. Le plus souvent, il n'y a même pas lieu d'invoquer la présomption selon laquelle « l'enfant conçu pendant le mariage a pour père le mari ». La situation des enfants dits naturels (dont le père et la mère ne sont pas mariés ensemble) ne serait pas plus défavorable si leurs parents les reconnaissaient toujours volontairement. L'expérience prouve que le sens des responsabilités — notamment paternelles — est moins développé en général chez ceux qui prônent l'union libre, qu'ils présentent comme seule garante des vrais sentiments. C'est notamment pourquoi il arrive que l'enfant soit contraint d'intenter une action en recherche de maternité et surtout de paternité ; il lui faut alors prouver des faits de nature à rendre sa filiation plausible.

Le lien de parenté juridiquement consacré impose aux parents et aux enfants certaines obligations. A l'honneur et au respect dus par les enfants, répond l'autorité parentale qui a pour fonction de protéger l'enfant « dans sa sécurité, sa santé et sa moralité » (art. 371-2, C. civ.). Cette autorité est désormais exercée en commun par les père et mère, au moins lorsqu'ils sont mariés. Elle se maintient jusqu'à la majorité ou jusqu'à l'émancipation ; celle-ci résulte du mariage ou d'une décision judiciaire prise à la demande des parents invoquant de justes motifs.

Une loi de 1972 a réformé les dispositions du Code civil relatives à la filiation ; elle relève de la même inspiration que celle qui a libéralisé le divorce. L'objectif d'incitation à vivre selon un certain modèle — celui du couple marié — est abandonné. Il s'agit de régler des cas considérés isolément. Pour y parvenir, deux objectifs intimement liés sont assignés à la loi. Elle doit établir l'égalité des enfants pour pouvoir respecter la réalité biologique. Dans le droit antérieur, en effet, il arrivait que fût considéré comme légitime un enfant qui ne l'était pas afin de le soustraire au régime très défavorable réservé aux enfants naturels. C'est à ce genre de situations que la réforme a mis fin. Elle suscite pourtant deux questions. D'une part, le respect de la réalité biologique est-il nécessairement un progrès ? Une qualification juridique a pour raison d'être, non de décrire ce qui est, mais de déclencher l'application d'un régime juridique approprié. Ce pourrait être une bonne solution que de maintenir les avantages accordés à l'enfant légitime, tout en acceptant d'en faire profiter d'autres enfants se trouvant dans des situations particulières (voir la qualification d'enfant légitime appliquée à l'enfant conçu avant le mariage, mais né après : art. 314, C. civ.). D'autre part, est-il possible de dire que l'enfant naturel a, en général, les mêmes droits que l'enfant légitime (art. 334), sans proclamer par là même l'égalité des filiations en mariage et hors mariage, c'est-à-dire l'équivalence de deux modes de vie pourtant incomparables dans leurs résultats ? Il faut ajouter qu'aux côtés des filiations légitime et naturelle la loi établit désormais une responsabilité qui oblige un père possible à assurer l'entretien d'un enfant dont la filiation n'est pas juridiquement établie. L'action dite à fins de subsides est dirigée contre « celui qui a eu des relations avec la mère pendant la période légale de la conception ».

CHAPITRE II

LES ACCIDENTS, LA RESPONSABILITÉ

« Sur le taureau de fer...
l'homme a monté trop tôt »

(A. de Vigny, *La maison du berger*)

Entre des personnes que ne lie aucun contrat, ni aucun rapport de famille, une relation pécuniaire peut naître de deux circonstances différentes. Dans la première, l'une de ces personnes a exposé une dépense dans l'intérêt de l'autre qui lui en devra remboursement. C'est l'hypothèse de la gestion d'affaire dont le critère est l'utilité de l'action menée pour autrui. C'est encore celle de l'enrichissement injuste. L'appauvri a droit à une indemnité égale soit à l'appauvrissement subi, soit à l'enrichissement procuré (à la plus faible de deux sommes), à condition que la perte enregistrée n'ait pas de cause, c'est-à-dire de justification juridique (contrat, dette antérieure...). Dans la seconde hypothèse, une personne occasionne un préjudice à une autre. Il ne suffit pas que ce préjudice et le lien de causalité entre celui-ci et l'intervention du responsable soient établis. Ce sont les conditions relatives au fait générateur du dommage et à sa preuve qui suscitent l'hésitation.

Théoriquement, trois solutions sont envisageables pour déterminer les cas dans lesquels une personne doit réparer un dommage causé à autrui. Ou bien elle n'est responsable que si sa faute a été démontrée (régime de la faute prouvée) ; ou bien elle est responsable sauf si elle prouve qu'elle n'a pas commis de faute (régime de la faute présumée) ; ou bien elle est responsable sauf si elle parvient à établir qu'elle a affronté des circonstances de force majeure (régime de la responsabilité présumée). L'enjeu du choix entre ces solutions, c'est évidemment la protection de la victime ; avec le dernier système, elle obtiendra réparation beaucoup plus aisément qu'avec le premier. Plus précisément, c'est lorsque la cause du dommage n'aura pas été juridiquement établie que le choix de l'une ou l'autre solution sera déterminant. En effet, en cas de cause inconnue, la victime de qui la loi exige la preuve d'une faute n'obtiendra jamais réparation. Si la faute est présumée et que l'auteur du dommage parvient à démontrer qu'il n'a pas commis de faute, le dommage dont l'origine est incertaine ne sera pas réparé. Enfin, si l'auteur du dommage ne peut s'exonérer qu'en démontrant l'existence d'un cas de force majeure, circonstance extérieure, imprévisible et irrésistible à l'origine du dommage, c'est lui qui subira les conséquences de l'indétermination de la cause de l'accident.

Tout le mouvement du droit de la responsabilité civile a consisté à améliorer le sort des victimes de dommages. En 1804, le régime de la faute prouvée, le plus sévère pour elles, était celui qui s'appliquait le plus généralement ; il n'a cessé de régresser depuis au profit d'autres règles plus favorables aux victimes. Pour expliquer ce mouvement, suffit-il de constater que le développement des moyens de transport et les autres progrès techniques ont multiplié les occasions d'accidents ? Le phénomène primordial tient plutôt au changement des mentalités. Il paraît désormais injuste qu'un dommage soit laissé sans réparation. En revanche, nul ne s'offusque de la condamnation à réparation de celui qui n'a rien à se reprocher. Le jeu des assurances généralisées est venu masquer cet aspect des choses, sans pour autant éliminer le coût social d'une politique d'indemnisation systématique.

I. — Les dommages causés par sa propre faute

« Tout fait quelconque de l'homme, qui cause à autrui un dommage, oblige celui par la faute duquel il est arrivé, à le réparer. » L'article 1382 du Code civil est très important. C'est par lui qu'est assurée la protection de la personnalité contre les atteintes à la réputation, à l'intégrité physique ; plus généralement, c'est par lui que sont sauvegardés indirectement la plupart des intérêts méconnus. C'est une disposition générale qui couvre tous les comportements susceptibles de préjudicier à autrui, sans chercher à les énumérer, ni même à les caractériser vraiment. Tout au plus la référence à la faute permet-elle d'affirmer qu'en principe le fait visé à l'article 1382 du Code civil doit être conscient et illicite. Conscient ne veut pas dire volontaire ; une imprudence ou une négligence préjudiciables à autrui obligent leur auteur à en réparer les conséquences. Cette exigence de la conscience d'agir de manière dommageable a beaucoup régressé depuis la loi de 1968 relative aux incapables majeurs ; désormais, « celui qui a causé un dommage à autrui alors qu'il était sous l'empire d'un trouble mental n'en est pas moins obligé à réparation » (art. 489-2, C. civ.). Un souci de cohérence explique que tende à disparaître cette condition d'imputabilité de la faute pour admettre notamment la responsabilité des enfants en bas âge.

Quant à l'exigence d'illicéité, elle permet aux juges d'apprécier, par rapport aux lois et aux usages, si l'action dommageable peut être considérée comme normale. La faute, c'est ce que n'aurait pas fait un citoyen moyen, moyen en prudence, en diligence, en aptitude et en moralité, placé dans les mêmes circonstances. L'article 1382 du Code civil est ainsi conçu qu'il confie une grande liberté de décision aux juges ; la qualification de faute est pourtant tenue pour une question de droit soumise au contrôle de la Cour de cassation. Celle-ci peut ainsi favoriser une certaine unification des positions judiciaires. Les tribunaux tendent à raisonner sur des cas-types, le cas du journaliste qui porte préjudice à une personne mise en cause dans un article, le cas du chasseur tirant à une certaine hauteur dans certaines conditions... La constitution progressive de ce catalogue de cas-types restreint en fait la liberté d'appréciation judiciaire empirique, espèce par espèce ; toutefois, celle-ci peut conserver une place subsidiaire. Ce serait une erreur de croire que tout progrès de la certitude (et de la rigidité) du droit est nécessairement une amélioration.

L'illicéité du comportement fautif ne disparaît pas du seul fait qu'il a été accompli avec le consentement de la victime lorsque la personne de celle-ci est l'objet du dommage ; pourtant, les tribunaux attachent une grande importance à la décision de la victime de risquer d'être blessée. Celui qui acceptait d'être transporté par un conducteur novice et pris de boisson n'obtenait avant 1985, en cas d'accident, qu'une indemnisation réduite ; le but était moins de reconnaître la liberté de la victime de s'exposer à un dommage corporel que de l'en dissuader. L'illicéité du comportement fautif ne disparaît pas davantage du seul fait que son auteur a agi dans l'exercice d'un droit ; sa responsabilité demeure, par exemple, s'il a abusé de ses prérogatives, parce que son attitude avait pour seul intérêt de porter préjudice à autrui. Il faut songer au cas du propriétaire d'une maison qui peint l'un de ses murs en noir pour gêner son voisin qui a vue sur ce mur. La responsabilité demeure également si le propriétaire excède la mesure des inconvénients normaux de voisinage (bruits, fumées, trépidations...).

II. — Les dommages causés par le fait d'autrui

Les parents sont responsables des dommages causés par leurs enfants, les employeurs de ceux occasionnés par leurs salariés. En posant ces règles, dès 1804, le législateur français a voulu améliorer la condition de certaines victimes. L'exigence de la faute voit ici son rôle limité pour assurer la réparation du dommage malgré l'insolvabilité probable de son auteur ; à cela s'ajoute que les parents ou l'employeur ne sont pas toujours complètement étrangers au dommage causé par l'enfant ou l'employé. Tout comportement fautif d'un enfant mineur non émancipé oblige ses parents à indemniser la victime, sauf si l'enfant n'habitait pas avec eux au moment des faits. Le régime de responsabilité des artisans du fait de leurs apprentis est analogue à celui des parents. La loi est plus sévère pour les employeurs ; ils doivent réparer tous les dommages causés par leurs employés dans l'exercice de leurs fonctions.

L'appréciation judiciaire du lien entre l'activité salariée et le dommage est parfois très large ; un employeur, exploitant d'une salle de cinéma, a été rendu responsable des conséquences civiles d'un viol commis par l'un de ses employés chargés de placer les spectateurs. En revanche, une société de surveillance a pu éviter de réparer le dommage causé par l'un de ses préposés, auteur d'un incendie volontaire dans les locaux qu'il aurait dû garder, au motif que cet employé avait agi « sans autorisation à des fins étrangères à ses attributions » et s'était « placé hors des fonctions » qui étaient les siennes. Le patron supporte les conséquences du mauvais choix de son salarié. Pour s'exonérer, il lui faut prouver l'existence d'un cas de force majeure.

III. — Les dommages causés par une chose

Le Code de 1804 avait seulement prévu la responsabilité des utilisateurs d'animaux pour les dommages causés par ceux-ci et la responsabilité des propriétaires de bâtiments en cas de dégradation dommageable à un tiers et consécutive à un mauvais entretien ou à un vice de construction. Le développement du machinisme (matériel industriel et autre, moyens de transport...) et le nombre considérable des dommages qu'il provoque ont paru exiger l'institution d'un régime spécifique de responsabilité et d'un régime particulièrement favorable aux victimes. L'histoire de la responsabilité du fait des choses est, à la fois, celle d'une libération à l'égard du Code qui n'avait pas prévu l'hypothèse (question du fondement) et celle d'une protection sans cesse renforcée des victimes (question du régime).

Quant au fondement, la démarche adoptée a consisté à modifier le sens de l'article 1384, alinéa 1, du Code civil. « On est responsable non seulement du dommage que l'on cause par son propre fait — *simple rappel de l'article 1382* —, mais encore de celui qui est causé par le fait des personnes dont on doit répondre — *annonce des alinéas 2 et suivants de ce même article 1384, alinéas relatifs à la responsabilité des parents, artisans, employeurs* —, ou des choses que l'on a sous sa garde — *annonce des articles 1385 et 1386 relatifs aux utilisateurs d'animaux et propriétaires de bâtiments.* » Le tour de passe-passe a porté sur la fin du texte ; il a suffi d'oublier qu'elle avait seulement pour but d'annoncer les dispositions ultérieures et de la traiter comme une règle autonome. Avec l'appui de la doctrine, la Cour de cassation a raisonné comme s'il y avait là un principe de droit ; on est responsable du dommage qui est causé par le fait des choses que l'on a sous sa garde.

Le fondement ainsi donné à ce régime spécifique de responsabilité présentait l'avantage de laisser toute liberté dans la détermination de son régime. Un reste de prudence avait d'abord fait retenir des solutions point trop éloignées de la responsabilité pour faute. Les obstacles à une réparation systématique des dommages allaient disparaître graduellement, avec les limites initialement posées au domaine de ce nouveau régime de responsabilité. Un très célèbre arrêt de la Cour de cassation, rendu en 1930, allait consacrer cette faveur pour les victimes.

« La présomption de responsabilité, établie par l'article 1384, al. 1er, C. civ., à l'encontre de celui qui a sous sa garde la chose inanimée, qui a causé un dommage à autrui, ne peut être détruite que par la preuve d'un cas fortuit ou d'une cause étrangère qui ne lui soit pas imputable ; il ne suffit pas de prouver qu'il n'a commis aucune faute ou que la cause du fait dommageable est demeurée inconnue... La loi, pour l'application de la présomption qu'elle édicte, ne distingue pas, suivant que la chose qui a causé le dommage était ou non actionnée par la main de l'homme ; il n'est pas nécessaire qu'elle ait un vice inhérent à sa nature et susceptible de causer le dommage, l'article 1384 rattachant la responsabilité à la garde de la chose, non à la chose elle-même. »

Toute chose, mobilière ou non, défectueuse ou non, dangereuse ou non, peut engager la responsabilité de celui qui en a la garde, c'est-à-dire l'usage, la direction et le contrôle, dès lors qu'elle a été à l'origine d'un dommage. Le gardien ne peut s'exonérer de son obligation de réparation que s'il établit l'existence d'un cas de force majeure.

Même la faute de la victime n'est plus prise en considération, en cas d'accidents d'automobile, pour l'indemnisation des dommages résultant des atteintes à la personne subies par des victimes âgées de moins de seize ans ou de plus de soixante-dix ans ou frappées d'une incapacité permanente ou d'une invalidité d'au moins 80 % ; les autres victimes peuvent se voir opposer leurs fautes lorsqu'elles ont été inexcusables et à condition qu'elles aient été la cause exclusive du dommage (loi du 5 juillet 1985). Ici se retrouve, comme dans tout ce droit de la responsabilité délictuelle, une multitude de points incertains, discutés ou imprécis. La difficulté majeure porte sur les relations entre la loi spécialement édictée pour régir les accidents de la circulation et le droit commun. La tendance dominante est de considérer que les principes généraux conservent leur vocation à s'appliquer dans le domaine de la loi ; mais une cohérence peut-elle être retrouvée ?

En définitive, le droit français de la responsabilité a complètement changé d'inspiration. Originairement fondé sur l'idée que l'auteur d'un dommage doit supporter les conséquences de ses erreurs, négligences ou imprudences, il est devenu un système de réparation systématique qui couvre même la simple malchance. Désireux de consacrer cette nouvelle victoire de l'Etat-Providence et regrettant l'excessive complexité, voire l'incertitude du droit actuel, nombreux sont ceux qui souhaitent une réforme législative d'envergure. Les accidents de la circulation pourraient notamment mettre en jeu un système d'indemnisation automatique inspiré de celui de la sécurité sociale. Renonçant au fondement de la faute, écartant l'idée selon laquelle créer un risque oblige à indemniser ceux qui en subissent les conséquences, le droit de la responsabilité s'orienterait vers le principe d'une garantie collective. Il est vrai que l'incidence considérable du phénomène de l'assurance avait déjà provoqué le recul du sentiment moral de la responsabilité individuelle. Faut-il s'en accommoder ? Là est, une fois de plus, toute la question. Il en est une autre. Cette évolution du droit de la responsabilité ne traduit-elle pas une confusion des genres ? Sa vocation normale semblait être de faire supporter la charge pécuniaire de la réparation par celui qui était réputé avoir été en mesure d'empêcher le dommage. Il s'est transformé au point d'être conçu comme un dispositif de protection contre tous les aléas de la vie. Ces deux fonctions ne sont pas analogues ; utiles l'une et l'autre, elles pourraient être remplies distinctement. Le dommage crée une charge pécuniaire ; lorsqu'un individu l'a, d'une certaine façon, occasionné, sa responsabilité doit être engagée ; dans les autres cas, la solidarité collective peut jouer si le préjudice laisse la victime ou sa famille dans le besoin. Cette deuxième situation n'a pas à compliquer le règlement de la première.

Chapitre III

LES GROUPEMENTS DE PERSONNES

« La génisse, la chèvre et la brebis, en société avec le lion. »

(J. de La Fontaine, *Fables*, I, VI)

Les juristes appellent personne morale un groupement de personnes doté d'une organisation et agissant dans un intérêt propre. L'expression signifie que ce groupement est considéré comme un sujet de droit, comparable dans une certaine mesure à un être humain. L'évolution des personnes morales de droit privé est édifiante ; elle conduit à s'interroger sur la possibilité où se trouve le droit de maîtriser ses propres techniques, ses propres qualifications. Celle de personne morale a eu tant de succès, tant d'expansion qu'il y a lieu de se demander s'il s'agit bien encore d'une véritable qualification ; utilisée dans les circonstances les plus diverses, elle ne paraît plus répondre à aucune condition précise et distinctive. L'expression personne morale ne serait plus guère qu'une convention de langage. C'est cette impression, voire cette tentation, qu'il faut combattre.

I. — Sociétés, associations...

Les personnes morales de droit privé, ce sont les sociétés : sociétés civiles (celles qui construisent et gèrent des immeubles, notamment), sociétés commerciales (sociétés anonymes, à responsabilité limitée, en nom collectif qui fournissent une organisation à la plupart des entreprises commerciales et industrielles). Leur caractéristique est la recherche d'un profit positif (bénéfices) ou négatif (économies). Il faut y ajouter les associations les plus variées, les syndicats professionnels, les associations syndicales de propriétaires dans un lotissement, les syndicats de copropriétaires dans un bâtiment collectif. Les différences entre ces personnes morales sont multiples. Elles tiennent à leurs fonctions ; les unes servent davantage de procédés d'organisation, tandis que les autres sont surtout des modes d'appropriation. Ces différences tiennent aussi à leur intensité d'existence qui les rapproche plus ou moins du statut juridique de l'être humain. Certaines personnes morales ont un intérêt qui n'est pas strictement ou pas principalement pécuniaire (associations, syndicats professionnels), ce qui ne les empêche nullement d'avoir des biens ni même de s'enrichir. La personnalité des associations n'est complète que moyennant une intervention administrative ; celle des syndicats est, au contraire, reconnue beaucoup plus largement et libéralement.

A s'en tenir aux autres personnes morales, la variété n'est pas moindre. Les unes sont propriétaires des biens dont elles ont la charge (sociétés, associations syndicales) ; c'est seulement en qualité d'associés, c'est-à-dire de créanciers, que leurs membres peuvent tirer avantage de ces biens. Les autres personnes morales ont pour seul objet la gestion de biens qui appartiennent à leurs membres (syndicats de copropriétaires) ; ceux-ci les utilisent alors en qualité de propriétaires et sans que la nature de leur droit ne soit affectée par la présence de la personne morale. Une autre classification des personnes morales de droit privé peut être élaborée à partir de l'analyse des rapports instaurés entre leurs membres et les tiers, fournisseurs de la personne morale par exemple. Les associés d'une société anonyme, dès lors qu'ils ont apporté à celle-ci ce qui avait été convenu pour la constitution de son capital, ne peuvent plus être poursuivis par des créanciers de la personne morale, dans l'hypothèse où elle ne paierait pas ses dettes. A l'inverse, les créanciers d'une société civile ou les copropriétaires doivent payer à la place de la société ou du syndicat défaillant.

II. — Les points communs

Malgré cette diversité, il y a des points communs entre toutes les personnes morales de droit privé. C'est au droit civil qu'il revient d'en élaborer la théorie générale. Les personnes morales ont, d'abord, en commun d'être dotées d'une organisation. Elle résulte, en général, d'un contrat ; cet accord conclu entre les membres est le premier acte de l'opération de constitution qui s'achève par l'accomplissement de formalités imposées par la loi. Cette organisation plus ou moins librement convenue comporte un organe principal de décision — assemblée générale aux délibérations de laquelle tous les membres ont le droit de participer. Un organe d'exécution (syndic de copropriété, par exemple), parfois doté d'un certain pouvoir de décision (gérants de sociétés notamment), s'y adjoint. L'autre caractéristique commune à tous ces groupements est d'agir pour un intérêt défini. C'est ici qu'un choix fondamental s'impose. Ou bien cette notion de l'intérêt collectif reçoit une véritable portée ; un contrôle judiciaire peut, par exemple, s'exercer sur l'action de la majorité ou des dirigeants. L'intérêt commun n'est pas la chose de quelques-uns ; il dépasse, en quelque sorte, l'appréciation que la majorité peut en faire. La contrepartie, c'est que toute confusion entre l'intérêt personnel d'un membre et l'intérêt de la personne morale doit être sanctionnée. Ou bien l'intérêt de la personne morale n'est pas regardé comme véritablement distinct ; il faut bien dire qu'alors, le droit se désintéressant de cette notion régulatrice, la personnalité morale perd toute signification précise. La querelle traditionnelle du début du siècle portait sur le point de savoir si la personnification des groupements correspondait à une réalité ou à une fiction juridique. Beaucoup avaient cru échapper à cette controverse en soutenant qu'il y avait seulement là une technique juridique. Encore lui faudrait-il conserver un minimum de consistance et de précision ! Il est tout de même paradoxal qu'à l'époque où les droits des membres minoritaires d'un groupement sont accrus pour leur permettre de participer à la sauvegarde de l'intérêt commun, cette notion tende à disparaître comme condition d'existence des personnes morales de droit privé.

Une fois de plus, la démagogie politique n'y est pas étrangère. Autoriser les petits commerçants et les petits industriels à constituer seuls des personnes morales — dites sociétés unipersonnelles — est un projet ancien (Loi du 11 juillet 1985). Leur vœu est, en effet, de mettre leurs biens personnels à l'abri de l'éventuel échec de leur activité professionnelle (et de bénéficier d'avantages fiscaux et sociaux, ce qui est un autre problème) ; leur propre fortune ne pourrait être engloutie dans la faillite de l'entreprise. En réalité, l'expérience prouve que ces sociétés ne peuvent fonctionner, c'est-à-dire obtenir du crédit, que si l'associé unique et principal intéressé accepte de s'engager aux côtés de la personne morale ; ses biens personnels se trouvent alors soumis aux aléas du commerce comme s'il n'y avait pas de société. Ainsi la qualification impose-t-elle ses exigences !

Les personnes morales sont-elles fondamentalement différentes des personnes physiques ? Pour le droit, il n'est pas moins important de prendre en considération l'éminente réalité humaine individuelle que la réalité communautaire. Tout d'abord, la liberté de s'associer ou de regrouper les efforts et les moyens de plusieurs personnes est essentielle. Ensuite, cette réalité communautaire peut recevoir plusieurs expressions juridiques. C'est pourquoi il y a des groupements sans personnalité, et de multiples degrés dans la personnification juridique des autres. L'une des évolutions les plus caractéristiques du droit civil français contemporain est d'avoir substitué de nombreuses personnes morales à d'anciennes qualifications réelles (propriété indivise, en particulier). Il est notable que le recours à cette qualification spécifiquement collective ait correspondu au déclin des communautés vraies (communautés de villages, par exemple).

Chapitre IV

DES BIENS ET DES DROITS

« Ces maisons de l'ancien temps, abondantes en linge qui sent bon, en argenterie bien pesante, et dont les meubles semblent des immeubles, tant on se met peu en peine de les renouveler. »

(J. Barbey d'Aurevilly, *Les diaboliques*, Le rideau cramoisi)

« Ces objets si parfaitement domestiqués qu'ils auraient fini par les croire de tout temps créés à leur unique usage. »

(G. Perec, *Les choses, une histoire des années soixante*)

Toutes les choses utiles sont généralement appropriées (1). Parfois, une seule personne peut en bénéficier, s'en servir ou en tirer argent. Parfois, les différents avantages que peut procurer un bien sont attribués à des personnes différentes. Dans les deux cas, les droits conférés sont influencés par la situation familiale de leur titulaire. La plupart des biens acquis par une personne mariée sont soumis à un régime juridique particulier. De plus, selon les parents qu'elle peut avoir, une personne n'a pas la même liberté de léguer ses biens ou de les donner. Le droit civil règle donc les rapports entre les hommes et les choses, c'est-à-dire les rapports entre les hommes à propos des choses ; ce faisant, il confirme leur impression de les avoir domestiqués. Il offre une gamme très complète de qualifications destinées à organiser les diverses situations qui se rencontrent en pratique. Il ne suffit pourtant pas de décider comment un pro-

(1) Sur la notion de patrimoine, voir *supra*, p. 54.

priétaire peut user de son bien ou permettre à autrui de s'en servir ; il faut encore tenir compte des intérêts familiaux que met en cause le statut juridique des fortunes privées. Faut-il aussi considérer la nature des biens ? Le Code civil distingue principalement les meubles et les immeubles (insusceptibles de déplacement). Encore n'exagère-t-il pas les différences de leurs régimes juridiques (vente, crédit...).

I. — La propriété et les autres droits

Quelles prérogatives peut-il y avoir à exercer sur une chose ? Elle peut être utilisée conformément à sa destination normale, transformée pour être employée autrement, voire détruite ; si elle est productive, elle peut être exploitée ; elle peut encore être confiée provisoirement à une autre personne moyennant argent ou gratuitement ; elle peut être vendue ou donnée. A ces diverses possibilités, correspondront souvent des charges ; un bien doit être entretenu et il faudra payer les réparations, subir les conséquences de ses éventuelles pertes de valeur, payer éventuellement des taxes...

Tous ces pouvoirs, toutes ces obligations peuvent être réunis sur une même tête. Le propriétaire est celui qui peut utiliser, exploiter, transformer ou détruire, louer ou prêter, vendre ou donner son bien ; c'est aussi celui qui supporte tous les frais. Dans son patrimoine, toute la valeur du bien est à compter. C'est ce que veut dire l'article 544 du Code civil : « La propriété est le droit de jouir et disposer des choses de la manière la plus absolue, pourvu qu'on n'en fasse pas un usage prohibé par les lois ou par les règlements. » L'adjectif absolu et son étonnant superlatif ont été fortement contestés. Ils signifient que le droit de propriété ne se définit pas par rapport à, relativement à un autre droit. C'est le rejet historique de la division entre une propriété éminente qui, à la fin de l'Ancien Régime, donnait seulement le droit de percevoir une taxe et la propriété utile dont dérive le droit actuel et dont le titulaire acquittait la taxe. En 1804, dire que la propriété nouvelle était absolue c'était dire que les nobles revenant d'émigration ne pourraient revendiquer aucun droit supérieur à celui reconnu aux propriétaires. L'article 544 signifie aussi que le propriétaire reçoit tous les pouvoirs que la loi peut accorder sur un bien ; la propriété n'est pas une souveraineté illimitée, mais c'est la liberté la moins limitée qui soit. Cette définition extrêmement prudente a démontré sa valeur en traversant les siècles ; toutes les interventions législatives qui ont restreint les droits des propriétaires fonciers notamment n'ont pas réussi à rendre nécessaire la modification de l'article 544. Ce texte signifie enfin que la propriété est le régime normal des biens ; à défaut d'une décision de leur propriétaire ou, plus exceptionnellement, du législateur, ils sont entièrement réservés à une seule personne.

Cette situation juridique est même si simple qu'elle devrait peu préoccuper le droit. Des conflits d'intérêts surgissent pourtant, qui conduisent à délimiter plus précisément les droits du propriétaire. Ses initiatives peuvent d'abord aller à l'encontre de l'intérêt général ; de multiples précautions d'ordre administratif sont prises pour l'éviter (réglementation de la construction immobilière, des machines industrielles, des automobiles...). Le propriétaire peut, ensuite, porter préjudice à autrui en utilisant son bien de manière inconsidérée. Il sera réputé en avoir abusé s'il a agi dans l'intention de nuire. Toutes ces règles et solutions sont assez habituellement présentées comme autant d'amputations infligées à la notion pure de la propriété. Il faut reconnaître ici une nouvelle manifestation de l'individualisme rousseauiste. La propriété est limitée par nature. Les Romains connaissaient déjà des réglementations de la construction ; quant à la théorie de l'abus de droit, elle ne date pas du début de ce siècle, mais avait déjà été appliquée au lendemain de la promulgation du Code civil.

La principale caractéristique de la propriété, c'est sans doute de laisser son titulaire seul en face de son bien. Ce caractère direct ou immédiat (sans intermédiaire) définit une catégorie de droits dont la propriété n'est que la première illustration. Il y a d'autres droits qui sont appelés réels pour indiquer que leur titulaire exerce directement ses prérogatives sur la chose (*res* en latin). Est un droit réel la propriété, même attribuée à plusieurs personnes simultanément. Cette particularité n'en affecte pas la nature. Chacun a, dans son patrimoine, une part (la moitié, un tiers, un quart...) du bien, mais il demeure un vrai propriétaire. Il peut exercer toutes les prérogatives attachées à la propriété, à condition de respecter celles des autres. Pour mieux manifester le caractère collectif de cette propriété, chacun ne reçoit pas un élément du bien, une pièce de la maison, mais a vocation à l'ensemble. C'est la situation qui résulte soit de l'achat d'un même bien par deux personnes qui conviennent d'en être propriétaires ensemble, soit du décès d'un propriétaire unique laissant plusieurs héritiers. Chacun est propriétaire d'une part qui lui donne droit de participer à toutes les décisions nécessaires à la gestion du bien ; sauf accord particulier, il ne peut prétendre se comporter comme un propriétaire unique sur aucune partie du bien. A tout moment, l'un des propriétaires peut demander à sortir de cette situation dite d'indivision ; la propriété individuelle normale se substitue alors à la propriété collective. Il n'en est autrement que lorsque l'indivision est inévitable. Ainsi, les bâtiments collectifs dont les appartements appartiennent à des personnes différentes sont soumis, pour leurs parties communes (murs, toit, escaliers...), au régime de l'indivision forcée. Une loi de 1976, en modifiant le Code civil, s'est efforcée d'aménager les rapports entre les propriétaires qui se trouvent dans les autres hypothèses d'indivision ; elle a donné, au juge, les pouvoirs de régler les conflits les plus graves ; elle a aussi précisé les conditions dans lesquelles une convention entre les propriétaires peut organiser la gestion de leurs biens communs. L'unanimité reste pourtant le plus souvent nécessaire pour prendre les décisions qui s'imposent et cela suffit pour faire de l'indivision un régime vulnérable et peu commode.

Constitue encore un droit réel celui de l'usufruitier. Il peut utiliser le bien qui en est l'objet et même le louer, comme le ferait le propriétaire lui-même. Toutefois, son droit n'est que provisoire ; plus précisément, il est viager. Au décès de l'usufruitier, le propriétaire récupère son bien indemne de toute charge. C'est pourquoi, durant l'usufruit, son titulaire ne peut prendre d'initiative dont les conséquences pourraient lui survivre ; il a la charge de conserver la substance de la chose sujette à usufruit. Le double avantage de l'usufruit, c'est ainsi d'organiser une période transitoire entre deux propriétés normales et d'éviter de méconnaître les intérêts de celui qui retrouvera ensuite la pleine propriété. Le conjoint survivant du propriétaire reçoit, par exemple, l'usufruit de ses biens dont il profitera sa vie durant sans que les héritiers du propriétaire en soient privés par la suite. Une difficile question que pose l'usufruit consiste à savoir si son titulaire peut modifier le bien assujetti dans l'hypothèse particulière où son initiative n'est que la réaction normale à une évolution générale. Voici une parcelle de terre rurale qui se trouve graduellement absorbée par une zone urbaine ! L'usufruitier devrait alors pouvoir se comporter comme tous les propriétaires avoisinants et changer l'affectation du bien pour l'utiliser au mieux.

Le droit de passer par la propriété voisine peut également être un droit réel. Plus généralement, la possibilité d'utiliser le terrain ou l'immeuble d'autrui est généralement conférée à titre de servitude ; droit réel perpétuel comme la propriété elle-même, la prérogative dont il s'agit (droit de puisage, de pacage...) se transmet à tous les propriétaires successifs du bien qui en tire avantage. Encore faut-il que cette prérogative soit directement liée à l'usage de ce bien ! Il en est ainsi du droit de passage, mais non du droit de chasse.

Propriété, usufruit, servitude sont des droits réels dont le titulaire est mis en relation concrète avec un bien ; il peut l'utiliser dans certaines conditions. D'autres droits réels sont aussi forts, mais ont un caractère plus abstrait. L'exemple en est donné par l'hypothèque. Celui qui emprunte peut fournir à son prêteur une garantie de remboursement ; l'hypothèque constituée sur un de ses biens permettra au bénéficiaire, si son débiteur ne paie pas sa dette, de se payer sur le prix de vente du bien hypothéqué. Ce bien ne répondra pas seulement des dettes de son propriétaire comme tous ses autres biens ; il sera réservé à un créancier particulier qui pourra en exiger la valeur par préférence à tout autre créancier et même si ce bien a été cédé à un tiers. Ainsi le créancier hypothécaire semble-t-il avoir un droit aussi direct sur l'objet de son privilège que tout autre titulaire de droit réel.

A l'inverse, la possibilité de tirer avantage d'une chose peut être conférée à quelqu'un à titre de droit personnel. Le locataire, par exemple, n'a pas un droit immédiat sur le bien loué. Il ne peut en user que par l'intermédiaire du bailleur. La preuve en est que celui-ci doit protéger son locataire contre la plupart des obstacles qui pourraient l'empêcher d'utiliser normalement la chose (défauts de celle-ci ; trouble émané de certaines personnes...). Ce droit personnel, droit d'exiger quelque chose de quelqu'un, est nécessairement provisoire. C'est pourquoi, le locataire, comme l'usufruitier, ne peut modifier la chose louée qu'il devra restituer un jour dans l'état où il l'avait reçue. Le souci de protéger les locataires de logements spécialement a conduit le législateur à interdire les baux de trop courte durée. Une loi de 1986 a retenu la durée de trois ans comme la plus normale, le renouvellement du contrat étant laissé à l'initiative des parties. Les droits personnels sont les plus variés qui soient. Toute personne qui peut exiger quelque chose d'une autre est titulaire d'un droit personnel ; elle est créancière et l'autre est débitrice. Ainsi, la victime d'un dommage est créancière de son auteur condamné par le juge à le réparer. Tout prêteur est aussi créancier de son emprunteur, comme l'employeur l'est de son ouvrier qui doit effectuer son travail. Tous sont titulaires de droits personnels.

La série de ces droits réels et personnels est d'une richesse étonnante. Elle donne aux praticiens la possibilité d'imaginer des combinaisons qui répondent aux besoins des particuliers. S'il s'agit de conférer à une personne la possibilité d'utiliser le bien d'un propriétaire qui s'engage personnellement à le lui procurer, le droit personnel du locataire convient. Lorsque plusieurs personnes doivent pouvoir recevoir des droits sur une chose, l'indivision est concevable ; une personne morale pourrait aussi être constituée qui aurait la propriété du bien ou serait seulement chargée de le gérer. Enfin, l'usufruit ou la servitude donne à leurs titulaires la possibilité d'utiliser un bien sans être liés à son propriétaire. Toutes ces qualifications ont leur raison d'être. L'important est qu'elles ne créent pas d'obstacle à la meilleure utilisation des biens et à leur bonne gestion. C'est un objectif difficile à atteindre et qui est souvent oublié par les juristes.

II. — Les biens des époux

L'établissement du régime juridique des biens des personnes mariées suscite deux difficultés. La première consiste à déterminer dans quelle mesure la communauté de vie et la constitution du couple doivent donner naissance à une communauté d'ordre pécuniaire. La deuxième question à régler porte sur la gestion des biens ainsi mis en commun, voire de tous les biens des époux. Pour qui songe que l'enrichissement de l'un d'eux a nécessairement son origine dans les efforts des deux, l'institution d'une masse commune paraît s'imposer. L'épouse qui n'a pas travaillé ou a sacrifié sa carrière professionnelle pour élever les enfants, celle dont l'esprit d'économie a fait merveille, celle qui a collaboré avec son mari, celle qui a su soutenir ses ambitions..., toutes paraissent avoir leur part dans la réussite qui est celle du ménage. C'est pourquoi, les régimes communautaires ont généralement la faveur des Français. Ils ne leur sont pas imposés. C'est un principe que la liberté des conventions matrimoniales. Chaque couple peut choisir le régime qui lui convient, à la fois, pour la gestion de ses biens tant que dure le ménage et pour leur répartition au moment du décès de l'un des conjoints ou de leur séparation. En réalité, peu d'époux usent de cette liberté ; la loi les en dispense puisqu'elle leur propose un régime légal qui régit leurs biens s'ils ne manifestent pas l'intention d'en adopter un autre.

Le régime matrimonial légal est la communauté d'acquêts. Il comporte une masse commune composée de tous les biens acquis par les époux pendant le mariage, à l'exception de ceux qui leur sont échus par donation ou par héritage. Plus précisément, la fortune des époux se répartit en trois masses. Deux d'entre elles accueillent les biens propres de chacun des époux. Ce sont les biens dont ils étaient propriétaires dès avant le mariage et ceux qu'ils ont acquis ensuite par succession, legs ou donation ; pour ces derniers, il s'agit principalement de respecter leur origine familiale et de les maintenir dans la lignée dont ils sont issus. Ces biens propres sont gérés librement par chaque époux pendant que dure le mariage ; ils ne font l'objet d'aucun partage lors de la dissolution du mariage. Les mêmes règles s'appliquent à des biens acquis éventuellement pendant le mariage, mais qui sont considérés comme ayant un caractère personnel accentué ; les instruments de travail nécessaires à l'exercice de la profession de l'un des conjoints sont à compter parmi ces biens propres par nature. A ces deux masses de biens propres, il faut ajouter la masse des biens communs ; elle réunit tous les biens acquis à titre onéreux pendant le mariage. Chaque époux peut les administrer ; il agit seul et librement, sauf pour prendre les décisions les plus graves — la vente d'un appartement par exemple — qui requièrent l'accord de son conjoint.

Les mêmes principes gouvernent les dettes de chacun des époux. Les biens communs peuvent être saisis par les créanciers de l'un ou de l'autre. Chaque époux est, en principe, seul à pouvoir engager ses biens propres et ses revenus professionnels. Au contraire, les dettes occasionnées par l'entretien du ménage ou l'éducation des enfants ont pour répondant tous les biens des époux sans exception, et ce, quel que soit l'époux qui en a pris l'initiative. A la dissolution du régime, par décès de l'un des époux, par divorce ou par changement de régime matrimonial, la masse commune est divisée par moitié entre chacun des époux ou entre l'un d'eux et les héritiers de l'autre.

Ces principes gouvernant le régime matrimonial légal sont assez simples. Plusieurs règles d'appoint viennent les compléter. En particulier, il y a lieu de ménager des possibilités de modifier la composition des masses. L'un des conjoints doit pouvoir vendre un bien qui lui appartenait en propre et le remplacer par un autre bien ; acquis à titre onéreux pendant le mariage, ce nouveau bien sera pourtant qualifié propre si certaines formalités sont accomplies. De plus, durant la vie commune, de multiples transferts de valeurs ont pu avoir lieu d'une masse à l'autre ; des mécanismes de remboursement, notamment les récompenses au profit de la communauté, ont été institués.

L'actuel régime légal résulte d'une réforme du Code civil intervenue en 1965 et d'une nouvelle loi de 1985. Le législateur s'est efforcé de concilier deux exigences apparemment contradictoires ; les époux sont associés, mais ils veulent gérer leurs biens dans une relative indépendance. Surtout, elle a cherché à tenir compte des multiples façons de vivre en communauté de biens qui se partagent les préférences des Français. Entre les couples où l'un des deux a seul une âme d'administrateur et ceux où toutes les décisions sont prises et exécutées en commun, il y a bien des variantes, bien des nuances. Accueillir chacune dans un régime juridique approprié et protecteur des intérêts essentiels des deux époux, permettre aux époux de modifier leur choix d'un mode de gestion en cours de vie commune, tel était le pari du législateur de 1965. Il est difficile d'en apprécier le résultat concret pour le grand nombre des ménages.

La loi de 1985, en prétendant parfaire l'égalité des époux, a délibérément pris le parti d'instituer un régime approprié aux couples dans lesquels les deux époux travaillent. Les femmes qui choisissent d'élever leurs enfants et de s'occuper de leur foyer, ont été sacrifiées ; elles ne peuvent engager, par leurs dettes personnelles, les revenus professionnels de leur époux, alors que la plupart des ménages n'ont pas d'autre garantie à offrir. Une fois de plus, la prétendue neutralité législative dissimule des choix de grande conséquence !

Le même pluralisme a conduit à accorder la possibilité de changer de régime matrimonial en cours de vie commune. Il se retrouve dans la diversité des régimes matrimoniaux conventionnels proposés aux époux. Le régime conventionnel le plus usité est la séparation de biens. Chaque époux y demeure propriétaire des biens acquis avant le mariage, de ceux qui lui sont donnés ou légués, comme de ceux qu'il achète pendant le mariage. Cela signifie, à la fois, que chaque époux gère distinctement ses biens et qu'à la dissolution du mariage il n'y a lieu à aucun partage. Il ne faudrait pourtant pas en conclure que le régime de séparation de biens méconnaît purement et simplement la réalité conjugale. En pratique, de multiples transferts de valeurs peuvent se produire d'un patrimoine à l'autre. De plus, la loi présume que les biens sur lesquels aucun des époux ne peut justifier d'une propriété exclusive leur appartiennent indivisément à chacun pour moitié. Enfin, en pratique, les contrats qui établissent ce régime matrimonial le complètent souvent par une société d'acquêts ; une masse commune comparable à celle du régime légal apparaît alors. Le régime de séparation est surtout celui des seconds mariages, des mariages tardifs et des époux qui veulent mettre la fortune de l'un à l'abri des éventuels déboires financiers de l'autre ; il va, en effet, de soi que chacun conserve seul la charge de ses dettes, comme il garde la propriété de ses biens.

De multiples variantes intermédiaires sont possibles entre la communauté légale et la séparation de biens. Des clauses particulières peuvent augmenter la masse commune — jusqu'à la communauté universelle — ou modifier la répartition des pouvoirs. De surcroît, un régime conventionnel, nouveau en France, est proposé par le Code. Cette participation aux acquêts fonctionne, pendant le mariage, comme la séparation de biens ; les époux sont indépendants. Chacun reste propriétaire de ses biens et supporte seul ses dettes, sans qu'aucune masse commune n'apparaisse. En revanche, à la dissolution du mariage, les deux époux participent également à l'enrichissement commun. Les acquêts ne sont plus ici des biens concrets gérés d'une manière particulière ; c'est la valeur de l'enrichissement final de chaque époux. Pour chaque époux, la différence entre la valeur de ses biens au moment du mariage et la valeur de son avoir lors de la dissolution donne la mesure de son enrichissement. Chacun des époux a vocation à bénéficier de la moitié des gains nets de son conjoint. Ce régime très rationnel se heurte à d'importantes difficultés de preuve ; l'habitude des autres régimes a également mis obstacle à son adoption par le plus grand nombre.

Il faut ajouter à ce tableau des différents régimes matrimoniaux quelques règles impérativement applicables à tous les époux. Certaines dispositions tentent d'éviter que les tiers n'exigent systématiquement la signature des deux époux lors de la vente d'un objet mobilier ou lors de l'ouverture d'un compte bancaire. D'autres traduisent l'association conjugale en termes d'obligations aux dettes ; les deux époux sont engagés à payer toutes les dépenses occasionnées par l'entretien du ménage et l'éducation des enfants. Enfin, quelques règles cherchent à atténuer les difficultés provoquées par certaines situations particulières, maladie ou éloignement d'un époux, désaccord entre eux ou initiative mettant en péril les intérêts de la famille ; il est alors fait largement appel au juge.

III. — **Héritage et donations**

Comme il y a des personnes qui se marient sans organiser le régime de leurs biens, nombreux sont ceux qui ne prévoient pas la répartition de leurs biens après leur mort. Dans ce cas, comme dans le précédent, c'est la loi qui y pourvoit ; elle désigne ceux qui recevront les biens du défunt. La technique employée consiste à définir des groupes de parents ; ils sont classés entre eux de telle sorte que chaque catégorie élimine celle qui se trouve inférieure, mais à l'intérieur de chaque groupe, la sélection s'opère en fonction du degré de parenté. Le plus proche est préféré.

Ainsi, viennent en premier rang les descendants ; dès lors qu'il en existe, ils sont seuls à se partager entre eux la succession. Le principe est aujourd'hui l'égalité entre enfants légitimes et naturels. Viennent ensuite les collatéraux privilégiés, frères et sœurs et leurs descendants, puis les ascendants privilégiés (père et mère). Toutefois, « lorsque les père et mère d'une personne morte sans postérité lui ont survécu, si elle a laissé des frères, sœurs ou des descendants d'eux, la succession se divise en deux portions égales, dont moitié seulement est déférée au père et à la mère, qui la partagent entre eux également » ; c'est dire que les collatéraux privilégiés n'éliminent pas les ascendants privilégiés. Enfin, les derniers ordres sont ceux des ascendants ordinaires, collatéraux ordinaires et, enfin, à défaut de parents, l'Etat. Dans cette liste, il faut encore placer le conjoint dont la situation est assez complexe. La tradition romaine notamment le place en situation très défavorable. Depuis le début du XXe siècle, ses droits n'ont cessé d'être augmentés.

A l'heure actuelle, il l'emporte sur les collatéraux et ascendants ordinaires ; de plus, il reçoit la moitié de la succession lorsque le défunt ne laisse des parents plus proches que dans une seule des deux lignes paternelle et maternelle. Enfin, même en présence de descendants, le conjoint survivant bénéficie de l'usufruit d'une part des biens du défunt.

Ces droits successoraux ne sont pas imposés. Les intéressés peuvent accepter la succession, la refuser notamment si l'actif paraît inférieur au passif ou encore ne l'accepter que sous bénéfice d'inventaire. Une déclaration faite au greffe du tribunal de grande instance leur permet d'éviter que les créanciers du défunt ne viennent leur réclamer le paiement de dettes dont le montant excéderait l'actif successoral ; dans le pire des cas, ils ne recevront rien, mais n'auront rien à débourser sur leur propre fortune à condition de ne pas accomplir certains actes et de ne pas commettre certaines fautes. S'il y a plusieurs héritiers, ils se trouveront en situation d'indivision ; l'un d'entre eux pourra alors provoquer le partage à un moment quelconque.

Il advient qu'avant son décès une personne se préoccupe de l'attribution de ses biens. Elle peut opérer par donation, en en transférant la propriété de son vivant. Elle peut aussi les léguer pour qu'ils soient distribués à sa mort seulement. La donation comme le testament sont des actes solennels dont la validité requiert l'accomplissement d'un certain nombre de formalités. A l'inverse du testament qui peut être librement modifié par le testateur, la donation est en principe irrévocable sauf ingratitude du donataire ou inexécution des charges qui avaient pu lui être imposées. Donation et testament ne peuvent porter, en général, que sur une partie des biens de leur auteur. Une part de la fortune de chacun est, en effet, réservée à certains de ses parents qui ne peuvent, en aucun cas, être déshérités. Sont héritiers réservataires les descendants, ascendants privilégiés et, en l'absence de collatéraux privilégiés, les ascendants ordinaires. Les donations et legs ne peuvent organiser la répartition des biens d'une personne que dans la mesure de la quotité disponible, c'est-à-dire de ce qui reste lorsque chaque héritier réservataire a reçu ce que la loi impose de lui laisser.

Selon l'importance de la fortune, selon le nombre des héritiers et celui des éventuels créanciers, les opérations de liquidation successorale peuvent être plus ou moins complexes. Avant de procéder au partage, il convient de liquider le passif et surtout de reconstituer au moins en valeur la masse des biens à partager. Le but est ici de sauvegarder l'égalité entre les héritiers. C'est pourquoi, ceux qui ont des dettes envers la succession voient leur part diminuer d'autant. De plus, ceux qui ont bénéficié de donations sont en principe astreints à la même obligation du rapport en moins prenant ; il n'en est autrement que si le donateur a dispensé le bénéficiaire de la donation de l'obligation au rapport, ce qui lui est possible dans la limite de la quotité disponible.

Le droit des régimes matrimoniaux, celui des successions, donations et legs, présentent deux caractéristiques communes. En premier lieu, ils tentent d'instaurer une certaine justice dans la répartition de masses de biens entre plusieurs personnes. En second lieu, ils doivent tenir compte de multiples opérations qui ont été réalisées à des dates différentes et parfois très éloignées ; telle vente, telle donation peuvent avoir été effectuées plus de vingt ans avant la dissolution du mariage ou le décès. Ces deux caractéristiques expliquent que le droit patrimonial de la famille soit particulièrement vulnérable au phénomène de l'érosion monétaire. C'est lui qui a perturbé gravement le mécanisme des récompenses et celui du rapport. Après qu'il eut été décidé que le rapport pouvait être opéré, non en nature (rapport du bien lui-même), mais en valeur, il a fallu trouver un mode d'évaluation qui ne lèse personne et ne dénature pas totalement les règles destinées à instaurer une certaine égalité ou un certain équilibre. A l'heure actuelle, le procédé très généralement utilisé consiste à évaluer les biens d'après leur état à l'époque de la donation par exemple, mais en fonction de la valeur qu'ils auraient actuellement. Ainsi tous les héritiers profitent de l'enrichissement artificiel qui résulte de la dévalorisation de la monnaie, puisque tout cet enrichissement est rapporté à la succession ; en revanche, le donataire bénéficie seul des améliorations et supporte seul les dégradations d'un bien qui se trouvait déjà dans son patrimoine. L'une des évolutions importantes de la matière a consisté à ne plus préférer la passivité et l'attentisme à une gestion dynamique. Désormais, la fraude paraît moins à craindre que la négligence. Une gestion de progrès, moyennant quelques risques, est plus prudente à long terme qu'une gestion de jouissance, voire de pure conservation.

CHAPITRE V

ACHETER, VENDRE, LOUER...

« Elle aime à dépenser en habits, linges et nœuds.»

(Molière, *L'école des maris,* I, 2)

Le contrat, c'est un projet que deux personnes s'obligent, l'une envers l'autre, à réaliser. Cette maison qu'il s'agit d'édifier ne sera construite que moyennant l'activité d'un entrepreneur rémunérée par le propriétaire. Contracter, c'est tenter de domestiquer l'avenir ; c'est se lier pour un certain temps. La volonté contractuelle, parce qu'elle s'est extériorisée et a rencontré une volonté concordante prolonge, dans le futur, l'intention actuelle ; elle intervient, à la fois, dans la formation de l'acte et dans la période d'exécution où elle se soumet à son propre pouvoir. Elle se sert de loi à elle-même ; le contrat est le principe juridique apte à contraindre quelqu'un qui, par hypothèse, a la faculté de déterminer lui-même son comportement. En contractant, les parties réduisent leur liberté ; elles s'engagent à faire, à ne pas faire quelque chose ou à transférer la propriété d'un bien et s'interdisent de revenir impunément sur leur engagement. Le Code civil a établi un certain nombre de règles relatives aux obligations contractuelles en général ; il a également précisé le régime juridique des contrats les plus usuels, de ces contrats nommés, c'est-à-dire pourvus d'une désignation traditionnelle, vente, louage, prêt... Chacun de ces contrats a sa spécificité, son « noyau... formé par les obligations principales qu'il a créées, et qui en expriment le but » (P. Hébraud). Toutefois, le principe de liberté contractuelle largement consacré en 1804 a conduit les rédacteurs du Code à ne pas en exagérer les différences. Chaque contractant étant supposé apte à défendre ses propres intérêts, il n'y avait pas lieu de tenir compte de la situation particulière à l'un ou à l'autre. Le besoin de logement du locataire était, par exemple, réputé équilibré par le besoin du bailleur de rentabiliser son investissement, c'est-à-dire de percevoir les loyers. Dans une telle conception, il n'est pas étonnant que les mêmes obligations élémentaires (obligation de délivrance, de garantie, de payer le prix, de restitution...) ou certaines d'entre elles se retrouvent, selon des combinaisons variables, dans tous les contrats. Par exemple, la garantie due pour les troubles de jouissance ou pour les vices qu'un bien peut présenter se retrouve dans les contrats de vente, de louage de choses...

La législation récente d'inspiration interventionniste a sans doute provoqué une certaine spécialisation des régimes des divers contrats ; des formalités sont devenues obligatoires et des obligations nouvelles ou renouvelées, l'obligation de renseignement notamment, sont nées ; la jurisprudence, de son côté, a participé à la moralisation des négociations contractuelles et a considérablement développé les obligations de sécurité, d'information et de conseil. La gamme des contrats et le droit commun issus du Code conservent néanmoins une importance notable.

I. — La variété des contrats

Chaque type de contrat permet d'atteindre un certain résultat. Le critère majeur de qualification, c'est le but poursuivi par les parties ; ont-elles voulu transférer, de l'une à l'autre, la propriété d'une chose ou donner, à l'une, la possibilité d'utiliser la chose de l'autre ? C'est en fonction de cet objectif commun que les contractants vont choisir la qualification convenable. C'est aussi en fonction de cet objectif que le juge vérifiera si la qualification retenue était ou non correcte ; il peut, en effet, changer la qualification adoptée par les parties, ce qui permettra d'appliquer un régime juridique mieux adapté à l'opération convenue. Le développement de l'interventionnisme rend, toutefois, plus fréquentes les hypothèses où le rétablissement de la qualification convenable aboutit à l'annulation de la convention ; le juge doit souvent constater que la qualification conforme à la nature de l'opération déclenche l'application d'une règle qui en interdit la réalisation.

En pratique, le but poursuivi par les parties apparaît le plus fréquemment de manière nette et claire ; il est suffisamment proche des buts habituellement poursuivis par la plupart des contractants pour qu'une qualification s'en déduise évidemment. C'est seulement dans certaines circonstances assez rares que l'hésitation est permise. Le critère le plus important est alors celui du but principal. Ainsi en est-il lorsqu'une personne verse une certaine somme d'argent à une autre qui s'engage, à la fois, à lui transférer la propriété de matériaux et à les transformer ; la question est de savoir si le régime juridique applicable est celui d'un transfert de propriété (contrat de vente) ou celui d'une transformation (contrat de louage d'ouvrage ou d'entreprise). La qualification retenue est celle de l'opération la plus importante en valeur ; le droit de la vente s'applique si les matériaux ont une valeur supérieure à celle du travail fourni.

Ces difficultés mises à part, la qualification du contrat dépend surtout de l'enjeu de l'opération et, parfois, de quelques considérations complémentaires.

1. **La considération du but poursuivi.** — Les particuliers qui projettent de réaliser une opération juridique peuvent avoir en vue cinq objectifs différents. L'hypothèse où leur intention serait de constituer un groupement doté de la personnalité morale, société, association... (cf. *supra*) est ici laissée de côté.

Le premier objectif possible est le déplacement d'une valeur, d'un patrimoine dans un autre. Une personne, propriétaire d'un bien, transfère son droit à une autre. La donation, contrat très particulier en raison de son incidence familiale, permet d'aboutir à un tel résultat. La convention la plus usuelle opère le transfert de propriété, moyennant un prix ; c'est la vente définie à l'article 1582 du Code civil. Sa caractéristique réside bien dans le but poursuivi. Il s'agit de transférer, donc de changer le titulaire d'un droit qui demeure intact, égal à lui-même. Encore est-il notable que l'article 1582 du Code civil, texte qui définit la vente, ne fasse nullement référence à cet objectif. Ce n'est pas un oubli de ses rédacteurs. En droit français, le transfert de propriété n'est l'objet, ni d'une obligation, ni d'une exécution. Il est la conséquence de la formation même du contrat ; dès l'accord des parties, l'acheteur devient propriétaire à la place du vendeur. Il ne reste, pour la phase d'exécution du contrat, que les aspects matériels de l'opération, la livraison par exemple. Pourtant, la propriété ainsi transférée est encore assez fragile, voire incomplète ;

diverses formalités doivent être accomplies pour achever l'exécution du contrat. Ce qui est seulement vrai, c'est qu'à partir de la conclusion du contrat le vendeur doit faire le nécessaire pour que son droit passe intégralement à l'acheteur ; dans les ventes d'immeubles par exemple, il ne doit pas mettre obstacle à la réalisation des formalités de publicité foncière.

En pratique, la vente est souvent précédée de promesses qui contribuent à étaler dans le temps la réalisation du transfert ; par exemple, dans la promesse unilatérale de vente, le propriétaire s'engage à vendre son bien au bénéficiaire, si celui-ci (qui conserve toute sa liberté) se porte acquéreur. C'est une question actuelle que de savoir dans quelle mesure il convient de rapprocher le régime de ces promesses de celui de la vente. L'expérience démontre qu'il est nécessaire de ménager aux parties une période de libre négociation, sans formalité, ni contrainte ; toute réglementation des promesses qui précèdent les ventes engendrerait la conclusion de nouveaux accords antérieurs à ces promesses et échappant à toute réglementation.

Le régime juridique de la vente s'applique surtout à des opérations de transfert de propriété. Toutefois, il régit aussi les transferts de droits personnels, la cession de créance singulièrement. La caractéristique la plus fondamentale de la vente est donc bien le déplacement d'un droit d'une personne à une autre, la transmission sans création, ni variation de contenu.

Le deuxième objectif qui peut être poursuivi par les contractants consiste à donner à l'un d'entre eux la possibilité d'utiliser un bien, plus généralement d'en tirer profit. Le propriétaire confère à autrui le droit personnel de jouissance de son bien. Deux contrats sont alors envisageables. Le premier est le contrat de louage de chose ou bail ou location. Puisant son équilibre dans les intérêts réciproques des deux parties, le contrat donne naissance à un droit personnel, comme tel nécessairement limité dans le temps ; une obligation de restitution pèse donc sur le locataire qui doit également payer un loyer pendant la durée de sa jouissance. Ce dernier trait souligne la différence avec un deuxième contrat. Le prêt est conclu dans l'intérêt du seul emprunteur qui a une obligation de restitution, mais n'a pas de prix à payer. Du moins en est-il ainsi dans le prêt à usage ou commodat ! Une deuxième catégorie de prêt porte sur les choses qu'il n'est pas possible d'utiliser sans les détruire. Ainsi le prêt d'argent comporte-t-il assez généralement la stipulation d'un intérêt ; l'emprunteur doit, de plus, y restituer, non la chose exacte qu'il avait reçue, mais une chose équivalente. Ce contrat est appelé prêt de consommation.

Le troisième objectif que les parties peuvent poursuivre en contractant, c'est la conservation d'une chose. Cette fois, le contrat est conclu à titre principal dans l'intérêt du propriétaire : il s'agit d'un dépôt. Il donne, lui aussi, naissance seulement à des droits personnels et crée une obligation de restitution à la charge du dépositaire. Un dépôt dit irrégulier permet de réaliser la même opération sur des choses qui se détruisent ; le dépositaire doit alors restituer des choses semblables, par exemple des denrées de mêmes quantité et qualité.

Le quatrième objectif, comme le cinquième d'ailleurs, se réfère davantage à l'activité d'une personne qu'à l'utilisation d'un bien. Il faut supposer que l'un des contractants est chargé par l'autre de faire ce que ce dernier ne peut ou ne veut pas faire lui-même. Plus précisément, dans le contrat de mandat, un effet de droit, la participation à une opération quelconque, se produit sur l'une des parties qui est dans l'impossibilité de le provoquer ou ne le veut pas. Ainsi le mandant confie au mandataire la mission d'acheter ou de vendre quelque chose. Le mécanisme juridique qui va lui permettre d'agir par l'intermédiaire d'autrui est celui de la représentation. Le mandant qui n'aura pas participé à l'achat ou à la vente sera acheteur ou vendeur ; en revanche, le mandataire qui n'y aura participé que pour représenter son mandant ne sera pas lié par les engagements conclus au nom d'autrui. L'important à noter est que le mandat porte sur l'accomplissement d'actes juridiques ; c'est le contrat qui rend possible la conclusion d'un autre contrat.

Le cinquième et dernier objectif doit être défini de manière extrêmement compréhensive. Le contrat de louage d'ouvrage (ou d'entreprise) a vocation à régir les relations de deux personnes dont l'une promet, à l'autre, d'avoir une activité quelconque. L'entrepreneur de maçonnerie, comme l'architecte, l'avocat, le garagiste-réparateur d'automobiles, mais aussi le médecin sont liés à leurs clients par des contrats de louage d'ouvrage.

Cette énumération des principaux objectifs que peuvent poursuivre les parties à un contrat est doublement incomplète. Elle l'est parce que d'autres contrats très importants ne relèvent plus du droit civil ; c'est le cas du contrat de travail. Elle l'est encore parce qu'il conviendrait d'y ajouter l'échange, le contrat de promotion immobilière, les contrats aléatoires (parmi lesquels le très important contrat d'assurance), le cautionnement constitutif d'une garantie de paiement de la dette de celui qui donne caution, la transaction et encore le compromis par lequel les parties s'en remettent, en cas de conflit, à l'arbitrage d'un tiers.

2. **Les considérations complémentaires.** — Le Code civil se contentait, pour qualifier les contrats, de se référer au but stéréotypé qu'avaient pu poursuivre les parties. La tendance récente serait plutôt à une spécialisation du régime juridique des divers contrats en fonction de la nature des biens sur lesquels ils portent, de la qualité des parties ou de certaines de leurs modalités.

De nombreuses lois postérieures au Code ont un domaine d'application restreint à certains biens en fonction de leur nature, de leur destination, voire de leur ancienneté. Ce sont deux textes différents qui régissent les ventes à crédit de meubles et d'immeubles. Quant au régime des baux, il comporte le Code civil applicable en général et notamment aux meubles, le Code rural, le décret de 1953 relatif aux baux commerciaux, le Code de la Construction et de l'Habitation pour les habitations à loyers modérés et pour les logements construits ou améliorés avec l'aide de l'Etat, la loi du 1er septembre 1948 qui régit les locaux d'habitation ou à usage professionnel anciens et qui est en voie d'extinction, la loi du 22 juin 1982 qui est abrogée, mais dont les dispositions s'appliquent aux contrats conclus sous son empire pour de nombreuses années encore, la loi du 23 décembre 1986 qui vise les locations de locaux à usage d'habitation ou à usage mixte d'habitation et professionnel et encore une loi de 1979 relative à la location d'emplacements d'affichage... Les lois récentes diversifient également le régime des contrats en considération de la qualité des parties ; si l'une d'entre elles est un professionnel, voire une personne morale, les droits de l'autre peuvent s'en trouver accrus.

Ce qui caractérise la gamme des contrats civils, c'est assurément sa richesse. A chaque besoin apparu en pratique, correspond une qualification le plus souvent élaborée par avance. En conjuguant les stipulations de plusieurs contrats usuels, en y ajoutant telle ou telle modalité — condition suspensive qui en subordonne l'existence à la survenance d'un événement incertain ; terme qui en retarde les effets —, il est généralement possible de concevoir un « montage juridique » approprié aux opérations les plus complexes. De temps en temps, naissent ainsi des conventions jusque-là inusitées ; ce fut le cas pour les contrats de garde portant sur des emplacements de stationnement ou sur les valeurs contenues dans un coffre de banque ; ce fut le cas pour le crédit-bail qui commence comme une location et s'achève comme une vente.

II. — Le régime général des contrats

La partie du Code civil consacrée aux règles contractuelles communes est l'une des plus élaborées et des plus anciennes. Ce régime général des contrats repose sur une distinction majeure entre la phase de formation et la phase d'exécution. La première est celle de l'indécision, donc de la liberté, liberté des discussions, liberté de se lier ou non, liberté de contracter à telle ou telle condition, avec telle ou telle personne. La deuxième période est celle de l'obligation, lien de droit entre les parties. Le but à atteindre ayant été fixé d'un commun accord (transférer la propriété moyennant le paiement d'un prix, conférer la jouissance...), il reste à faire le nécessaire pour aboutir. Pour que ce but et ses modalités de réalisation soient déterminés de la manière la plus opportune, la liberté de négociation est indispensable en fait et en droit. Il faut qu'ensuite la confiance règne ; c'est elle qui permet d'étaler dans le temps la réalisation de l'opération et de ne pas exiger le donnant-donnant, c'est-à-dire l'exécution simultanée de ses obligations par chacune des parties. C'est pourquoi, une fois le contenu du contrat arrêté, la sécurité doit prendre le relais de la liberté ; aucune occasion ne doit être donnée à l'une des parties de se soustraire à ses engagements, d'en diminuer la rigueur ou d'en modifier l'objet.

Il faut pourtant nuancer l'opposition trop radicale des deux périodes qui divisent la vie du contrat. Dès la phase de formation, des contraintes s'exercent sur les parties qui ont des besoins à satisfaire et qui, bien souvent, doivent contracter pour acquérir un bien indispensable, pour rentabiliser un investissement onéreux... Durant l'exécution du contrat, la liberté ne disparaît pas ; un contractant peut décider de ne plus respecter ses engagements, notamment s'il découvre que l'exécution fidèle du contrat lui coûte plus cher que son inexécution. De nouvelles négociations sont possibles, en cours d'exécution même ; de nouvelles solidarités, de nouvelles dépendances, de nouveaux équilibres peuvent s'y faire jour entre producteurs, fournisseurs et consommateurs.

Des circonstances de divers ordres peuvent d'ailleurs menacer la liberté de la négociation ou la sécurité d'exécution. L'inégalité des parties est l'obstacle le plus souvent évoqué à une discussion permettant d'aboutir à la conclusion d'un bon accord. De même, l'évolution de certaines données économiques peut affecter l'équilibre du contrat et modifier les conditions de son exécution au détriment de l'une des parties. Pour compenser l'inégalité des parties, plusieurs techniques sont utilisées par la législation récente : interdiction légale de certaines clauses trop défavorables à l'un des contractants, négociation collective entre les représentants des catégories de contractants (professionnels et consommateurs, bailleurs et locataires...), temps de réflexion accordé à la partie réputée plus vulnérable. Au lieu d'attendre qu'une personne vienne se plaindre en justice des méfaits du contrat conclu antérieurement, un contrôle s'exerce parfois *a priori* sur tous les contrats à conclure ; au moins, des contraintes s'exercent-elles. L'efficacité de ces techniques est loin d'être assurée. Il est permis de se demander si une intervention directe sur les organisations professionnelles représentant les contractants les plus forts (grands producteurs, banquiers prêteurs...) n'aurait pas été plus opportune ; encore aurait-il fallu pouvoir compter, dans toutes les professions, sur des organisations fortes. C'eut été le moyen d'éviter la prolifération de lois complexes et trop aisées à méconnaître.

La période d'exécution des contrats a moins bénéficié de la sollicitude du législateur. La modification de leur contenu demeure une mesure relativement exceptionnelle. C'est seulement à titre général et permanent — de manière rapidement prévisible pour les parties — et pour toute une catégorie de contrats que les juges ajoutent des obligations nouvelles aux engagements expressément stipulés ; en créant l'obligation de sécurité dans le contrat de transport de personnes ou les obligations de conseil et de renseignement, les tribunaux s'efforcent, en réalité, de tirer toutes les conséquences du but poursuivi par les parties.

1. **La conclusion** d'un contrat valable suppose le consentement des parties sur un objet déterminé et licite, pour une cause réelle et licite. Plus concrètement, il faut que les parties s'accordent pour aboutir à un certain résultat. Aucune offre, aucune acceptation ne vaut si elle n'exprime pas une volonté éclairée et libre.

Eclairé, le consentement a été donné en connaissance de cause, sans erreur. Celui qui, sans faute de sa part, a pris un engagement en se trompant — le Code parle alors d'erreur — ou en étant trompé — le Code parle ici de dol — sur sa nature ou sur son importance, peut être libéré. Il faut songer, par exemple, à l'acheteur d'un tableau de maître qui se révèle n'être qu'une copie dont la valeur est évidemment sans rapport avec le prix convenu ; il faut encore penser à l'acheteur d'un véhicule usagé qui se révèle avoir parcouru beaucoup plus de kilomètres que prévu. L'erreur peut avoir pour origine la machination montée par l'autre partie, mais elle peut aussi avoir été commise spontanément. Le consentement libre est celui qui n'est pas donné sous la contrainte, sous une menace telle qu'un refus de contracter paraît exclu ou, au moins, périlleux. La violence qui engendre cette contrainte a le même effet qu'elle émane du cocontractant ou d'un tiers ; il n'en est pas de même pour le dol, erreur provoquée qui apparaît moins grave en soi. Libre et éclairé, le consentement de chaque partie atteste très probablement que le contrat est conforme à son intérêt. Une vérification supplémentaire est pourtant apparue nécessaire.

Pour être valable, le contrat doit être équilibré. Il l'est en général lorsque la prestation promise par chacune des parties trouve une contrepartie dans la prestation de l'autre. Le bailleur s'oblige à mettre le local loué à la disposition du locataire parce que — voilà la justification désignée comme cause de son obligation ! — le locataire s'engage à payer le loyer. La sécurité de l'exécution suppose que le contenu du contrat ne puisse être modifié unilatéralement par l'une des parties. C'est pourquoi sa validité exige encore que son objet — l'objet des obligations de chacune des parties — soit déterminé par l'accord initial. Il est, par exemple, impossible de laisser l'une des parties décider, en cours d'exécution, du montant du prix.

Toutes ces conditions réunies vont donner une efficacité juridique au contrat. Par ses juges notamment, l'Etat va fournir, à celui des contractants qui veut exiger le respect de ses engagements par l'autre, des moyens coercitifs. C'est pourquoi, un contrôle de licéité et de moralité est encore effectué, à la fois, sur l'objet des obligations et sur les buts poursuivis. Les juges ne peuvent prêter leur concours à l'exécution d'une convention immorale ou contraire à l'ordre public.

Le contrat qui présente un défaut de constitution (vice du consentement, incapacité : v. *supra* ; objet indéterminé ou illicite ; cause inexistante ou illicite) peut être annulé. Quel que soit le défaut qui justifie la nullité, celle-ci doit toujours être prononcée par le juge ; elle libère, en principe, complètement les parties, non seulement pour l'avenir, mais aussi pour le passé ; elles n'auront plus à s'exécuter et devront procéder à la restitution de ce qui aurait déjà été livré ou versé. Le contrat est anéanti rétroactivement. En revanche, les possibilités d'obtenir le prononcé de cette mesure radicale varient selon les hypothèses. Le droit d'invoquer la circonstance qui autorise à se faire libérer du contrat est attribué de manière variable. Si cette circonstance est de nature à porter préjudice à une seule personne, comme dans le cas d'erreur, la nullité est dite relative ou de protection ; seul peut demander l'annulation du contrat celui qui est la victime directe du défaut affectant la formation du contrat et à qui, pour cette raison, la loi réserve sa protection. A l'inverse, lorsque l'objet du contrat est indéterminé ou lorsque l'une des parties s'est obligée sans cause, l'acte est considéré comme heurtant, en lui-même, l'ordre public et la nullité est absolue ; toute personne intéressée, chacune des parties notamment, peut agir en nullité. De même, le délai pour intenter l'action en nullité absolue (trente ans à compter de la conclusion du contrat) est plus long que celui de l'action en nullité relative (cinq ans, mais en général à compter de la découverte du motif d'annulation). Enfin, la nullité relative seule peut être écartée par une manifestation de volonté de celui qui aurait pu la demander, lorsqu'il a découvert son erreur, par exemple, et souhaite néanmoins maintenir un contrat dont il estime intéressant d'obtenir l'exécution. La nullité absolue a donc beaucoup plus grande probabilité d'être prononcée que la nullité relative.

Il faut noter ce souci du législateur d'éviter de donner aux parties l'occasion de se dégager du contrat qui ne heurte pas nécessairement les valeurs fondamentales de la société civile ; peu importe que les circonstances de sa conclusion aient été bien imparfaites. La même préoccupation explique que l'annulation soit subordonnée à une dernière série de conditions. L'erreur, spontanée ou provoquée, la violence ne peuvent provoquer l'anéantissement du contrat que si elles ont déterminé leur victime à contracter ; les juges vérifieront que, sans elles, le contrat n'aurait probablement pas été conclu. De plus, la cause immorale et l'erreur n'annulent le contrat que si le cocontractant de celui qui s'est trompé ou qui poursuivait un but immoral connaissait ses intentions (recherche d'une certaine qualité de la chose qui s'est révélée n'en être pas dotée ou intention immorale).

Avec ces dernières précisions, se révèle la principale difficulté de la matière ; c'est la détermination des modalités de l'appréciation judiciaire. Le juge se livre-t-il à une enquête psychologique pour savoir si les parties avaient telle ou telle intention au moment de la conclusion du contrat, si elles savaient ou ignoraient que leur cocontractant poursuivait tel ou tel but... ? En réalité, sauf hypothèse très particulière, les juges se réfèrent au but normal qu'ont dû avoir les parties, compte tenu des caractéristiques de leur accord. Ils raisonnent sur des cas-types définis en considération de toutes les circonstances établies de manière certaine. L'erreur commise par un acheteur non spécialement qualifié sur l'authenticité d'un tableau est plausible si celui-ci avait l'apparence du vrai, si le prix demandé correspondait à celui du vrai... A l'inverse, celui qui acquiert une entreprise concurrente en difficultés ne peut se plaindre ensuite de sa faible rentabilité, s'il est démontré que son but était seulement d'éliminer un concurrent. La prudence des tribunaux est louable. Ils refusent, par exemple, d'annuler le contrat lorsque l'erreur commise spontanément par l'une des parties porte exclusivement sur la valeur de l'objet du marché. Il s'agit d'éviter que n'échappe à ses engagements le contractant déçu par sa propre décision. A l'inverse, l'annulation redevient possible lorsque l'erreur sur la valeur a été provoquée par les manœuvres illicites du cocontractant (hypothèse du dol) ; cette fois, l'appréciation du caractère anormal de l'erreur repose sur des indices plus assurés et les juges risquent moins de se perdre dans des considérations éminemment subjectives et discutables.

2. A supposer le contrat valable, il reste à l'amener à **exécution.** C'est ici que la distinction des périodes de formation et d'exécution du contrat s'affirme avec le plus de netteté ; l'objectif de sécurité contractuelle prend le dessus. Le contrat doit être exécuté tel qu'il a été conclu. C'est le célèbre article 1134 du Code civil : « Les conventions légalement formées tiennent lieu de loi à ceux qui les ont faites. » Ce texte avait à l'origine une signification juridique concrète et précise. Pour faciliter la critique du libéralisme du Code, des auteurs du début du XXe siècle en ont exagéré la rigueur et l'ont transformé en un dogme philosophique rigide.

Il est vrai que l'article 1134 interdit au juge de substituer sa propre volonté à celle des parties (prohibition de la réfaction judiciaire des contrats). Il est vrai aussi qu'il commande d'interpréter le contrat en tenant compte de la volonté initiale des parties et non de la façon dont il a été exécuté par la suite. A l'inverse, l'article 1134 place aussi l'exécution du contrat sous la bannière de la bonne foi. Il ne devrait donc pas s'opposer à toute modification du contenu d'un contrat dont les obligations ont complètement changé de signification. Un prix stipulé en contrepartie d'une prestation demeurée inchangée peut devenir assez vite dérisoire. La Cour de cassation maintient pourtant le principe selon lequel l'objet des engagements de chacune des parties ne peut être modifié. C'est l'un des méfaits d'une théorie doctrinale excessive — celle de l'autonomie de la volonté — qui avait paradoxalement été élaborée par ceux qui voulaient combattre ces solutions.

De l'article 1134 du Code civil, il résulte encore que le contrat oblige seulement ceux qui l'ont fait. Cet acte est opposable aux tiers qui ne peuvent, en principe, prétendre en ignorer les conséquences ; mais il ne peut les rendre débiteurs ou créanciers que dans des hypothèses très particulières.

Quelles sont les réactions juridiques possibles en cas d'inexécution de ses obligations par l'une des parties ? L'autre peut se contenter d'attendre que lui soit réclamée sa propre prestation. L'exception d'inexécution est alors à sa disposition : elle l'autorise à refuser de respecter son propre engagement tant que son cocontractant n'offre pas de tenir sa promesse. Encore faut-il que celui qui invoque cette exception ne se prévale pas du moindre défaut dans l'exécution des obligations de l'autre partie pour échapper à tous ses engagements ; ainsi le locataire ne peut-il cesser de payer le loyer sous prétexte que le bailleur tarde à effectuer une réparation de peu d'importance.

De manière plus radicale, celui qui ne peut obtenir la prestation attendue de son cocontractant peut demander au juge d'anéantir le contrat ; la résolution de l'acte ne peut être qu'une mesure judiciaire. Elle présente la caractéristique d'être considérée comme un remède ultime à n'employer que dans les cas désespérés ; elle devrait fonctionner davantage comme une menace préventive que comme une mesure curative. C'est pourquoi, elle est facultative à trois égards. Elle est facultative pour la victime du manquement au contrat qui a le choix soit de demander la résolution, soit d'exiger l'exécution. Elle est encore facultative pour l'auteur de l'inexécution qui a le choix de subir l'anéantissement du contrat ou de tenir sa promesse, s'il en est encore temps. Enfin et surtout, la résolution est facultative pour le juge. Il doit apprécier la gravité du manquement au contrat et l'intérêt que peut encore présenter son exécution ; il tient compte également de l'attitude de celui qui demande l'anéantissement de l'acte. Le juge a le choix de refuser ou de prononcer la résolution ou encore d'accorder un délai au débiteur infidèle ; toutes ces décisions peuvent être associées, ou non, avec l'allocation d'une indemnité. Pour éliminer l'incertitude née de la liberté de l'appréciation judiciaire, une clause dite de résolution de plein droit est souvent insérée dans les contrats ; critiquée pour ses effets trop radicaux et pour sa rigidité, cette stipulation voit son efficacité limitée par certaines lois récentes (loi de 1982 sur la location d'habitation et mixte, notamment). L'inconvénient est de laisser le créancier de l'obligation non exécutée sans moyen face à un débiteur qui peut tirer avantage d'un contrat dont il ne supporte pas la charge.

L'inexécution d'un contrat occasionne généralement un préjudice à celui qui la subit. Locataire, il comptait sur la possibilité de se loger ; acheteur, il croyait pouvoir revendre avec bénéfice. Ses espoirs se sont envolés avec le manquement du cocontractant à ses obligations. L'habitude s'est prise de parler, en une telle occurrence, de responsabilité contractuelle, parce que s'y retrouve la démarche de la responsabilité délictuelle. Il faut pourtant résister à la tentation d'introduire, dans le droit des contrats, toutes les difficultés qui ont surgi dans celui de la responsabilité (cf. *supra*).

C'est à peu près tout le bénéfice qui a été retiré de la célèbre distinction des obligations de moyens et des obligations de résultat ; l'intention de ses partisans est de reprendre l'opposition des régimes de faute prouvée (type : art. 1382, C. civ.) et de responsabilité présumée (type : art. 1384, al. 1, C. civ.). Le but est de mettre à la charge de certains créanciers la preuve de la faute, du défaut de prudence et de diligence du débiteur, tandis que d'autres créanciers n'auraient à prouver que l'inexécution du contrat, c'est-à-dire la non-réalisation du résultat attendu.

Ainsi le médecin n'est-il tenu, en général, que d'une obligation de moyens, parce qu'il s'engage, non à guérir, mais à mettre en œuvre tous les traitements appropriés. Ainsi le transporteur qui doit transporter son client sain et sauf (obligation de sécurité) est-il, le plus souvent, tenu d'une obligation de résultat ; il doit indemniser la personne transportée des conséquences de tout accident, sauf s'il parvient à établir que celui-ci a eu pour origine un événement de force majeure.

En réalité, la diversité des obligations conventionnelles est telle que la simple distinction dualiste des obligations de moyens et de résultat ne suffit pas à en rendre compte. La preuve en est qu'il a fallu introduire de multiples nuances pour tenir compte de certaines activités médicales particulières ou pour faire la différence entre le voyageur attendant le train et celui qui est effectivement en cours de transport. Il est seulement vrai que, pour certains engagements conventionnels, la non-réalisation du résultat attendu — l'arrivée du voyageur sain et sauf à destination — suffit à démontrer le manquement au contrat, tandis que, pour d'autres, les deux circonstances — le défaut de guérison et le défaut de soins appropriés — ne sont pas confondues. Bien d'autres modalités sont concevables ; les obligations peuvent présenter des degrés de sévérité beaucoup plus variés. L'emprunteur n'est-il pas tenu d'indemniser le prêteur en cas de destruction de son bien survenue dans des circonstances de force majeure, s'il aurait pu éviter la perte en employant son propre bien (art. 1882, C. civ.) ?

La distinction des obligations de moyen et de résultat est un échec si complet que, désormais, ces qualifications sont appliquées, *a posteriori*, après avoir déterminé le régime juridique des obligations. Faute de critère tenant aux caractéristiques de l'engagement, il faut se contenter d'une liste ; les termes employés servent davantage à décrire, qu'à qualifier.

Une fois de plus, il faut récuser toute forme de simplisme ; aucune distinction trop radicale et trop rigide qui prétendrait ramener toutes les hypothèses à deux qualifications n'est utilisable en matière contractuelle spécialement. Les buts poursuivis par les parties sont trop divers. Le droit des contrats ne peut être réduit à un catalogue de solutions toutes faites.

Ici aussi, les dispositions légales peuvent seulement offrir un guide, fondé sur un savoir séculaire, pour l'élaboration d'un raisonnement qui est à reprendre sans cesse dans chaque espèce. C'est ce savoir qui doit « donner aux juristes la fierté de se dire les défenseurs d'un droit dont dépend notre civilisation » (G. Ripert, ouvr. cité, p. VII).

BIBLIOGRAPHIE

Ouvrages juridiques cités :

Jean Carbonnier, Essais sur les lois, *Répertoire du Notariat Defrénois*, 1979.

Louis Favoreu, *L'application directe et l'effet indirect des normes constitutionnelles,* rapport au XIe Congrès intern. de Droit comparé, 1982.

Pierre Hébraud, Rôle respectif de la volonté et des éléments objectifs dans les actes juridiques, in *Mélanges Maury*, t. II, Dalloz-Sirey, 1960.

Philippe Rémy, Eloge de l'Exégèse, *RRJ*, 1982-2, n. VII-13, p. 254 et suiv. *(Revue de la Recherche juridique-Droit prospectif)*.

S. Rials, Les incertitudes de la notion de constitution sous la Ve République, *RDP*, 1984, p. 587 et suiv.

Droit civil général :

C. Aubry et C. Rau, *Droit civil français*, par A. Ponsard et I. Fadlallah, Litec.

A. Bénabent, A. Colomer, B. Teyssié, *Droit civil*, Litec.

Y. Buffelan-Lanore, A. Piédelièvre, *Droit civil*, Masson.

J. Carbonnier, *Droit civil*, PUF, « Thémis ».

J. Chevallier et L. Bach, *Droit civil*, Sirey.

G. Cornu, *Droit civil*, Montchrestien.

G. Cornu, *Les régimes matrimoniaux*, PUF, « Thémis ».

M. Dagot, *Les sûretés, La publicité foncière*, PUF, « Thémis ».

P. Dupont-Delestraint, *Droit civil*, Dalloz.

J. Flour, J.-L. Aubert, H. Souleau, *Droit civil*, A. Colin, coll. « U ».

J. Ghestin (sous la direction de), *Traité de droit civil*, par J. Ghestin, G. Goubeaux, G. Viney et autres.

P. Guiho, *Cours de droit civil*, L'Hermès.

M. de Juglart, *Cours de droit civil*, Montchrestien.

G. Lambert et G. Barberoux, *Cours de droit civil*, Marseille.

C. Larroumet, *Droit civil,* Economica.

M. Le Galcher-Baron, *Droit civil*, *Les obligations*, par P. Level, F. Lefebvre.

R. Legeais, *Droit civil*, Cujas.

Ph. Malaurie et L. Aynès, *Droit civil*, Cujas.

G. Marty et P. Raynaud, *Droit civil*, Sirey.

H. et L., J. Mazeaud, *Leçons de droit civil*, par F. Chabas, M. de Juglart, A. Breton, Fr. Gianviti.

B. Starck, *Droit civil (Introduction ; Obligations)*, Litec.

R. Voirin et G. Goubeaux, *Manuel de droit civil*, LGDJ.

A. Weill et F. Terré, *Droit civil*, par F. Terré, Y. Lequette, Ph. Simler, Dalloz.

De nombreux cours de droit civil (G. Cornu, Ph. Malaurie, ...) sont également publiés (Les cours de droit). Voir aussi *Revue trimestrielle de Droit civil* (Sirey), et revue *Droits* (PUF).

TABLE DES MATIÈRES

Imprimé en France
Imprimerie des Presses Universitaires de France
73, avenue Ronsard, 41100 Vendôme
Avril 1993 — N° 38 789